AF250049

À M. A. Vuaflart

mon ancien élève et ami,

Souvenir affectueux

[signature]

Directeur de l'Institut...
Auteur de la Sténographie

Janvier 1904

RÉPUBLIQUE FRANÇAISE
· LIBERTÉ · ÉGALITÉ · FRATERNITÉ ·
VILLE DE PARIS
MONOGRAPHIE DE L'ÉCOLE ESTIENNE
ENSEIGNEMENT PROFESSIONNEL
DES ARTS ET INDUSTRIES DU LIVRE
18, BOULEVARD D'ITALIE, 18
PARIS. Imprimerie de l'École
Avril-1900

RÉPUBLIQUE FRANÇAISE
· LIBERTÉ · ÉGALITÉ · FRATERNITÉ ·

VILLE DE PARIS

MONOGRAPHIE
DE
L'ÉCOLE ESTIENNE

ENSEIGNEMENT PROFESSIONNEL
DES ARTS ET INDUSTRIES DU LIVRE
18, BOULEVARD D'ITALIE, 18

PARIS. Imprimerie de l'École
Avril · 1900

MONOGRAPHIE

DE

L'ÉCOLE ESTIENNE

EXPOSITION UNIVERSELLE 1900

Grand Prix

décerné à l'École Estienne

FAÇADE DE L'ÉCOLE

MONOGRAPHIE

DE

L'ÉCOLE ESTIENNE

ÉCOLE MUNICIPALE PROFESSIONNELLE

DES ARTS ET INDUSTRIES DU LIVRE

18, BOULEVARD D'ITALIE, 18

PARIS

TYPOGRAPHIE DE L'ÉCOLE ESTIENNE

AVRIL 1900

CHAPITRE PREMIER

NOTICE HISTORIQUE

PANNEAU DÉCORATIF
DESTINÉ A L'ÉCOLE ESTIENNE
COMMANDÉ PAR LA VILLE DE PARIS

ESQUISSE DU PANNEAU DÉCORATIF
« LA VILLE DE PARIS CRÉANT L'ÉCOLE ESTIENNE »

HISTORIQUE

DE L'ÉCOLE ESTIENNE

I

But et origine de l'École

L'École municipale professionnelle Estienne, ou *École du Livre*, est une des grandes Écoles professionnelles types fondées par la Ville de Paris depuis 1873. Elle a été créée en 1889 dans le *but de former des élèves habiles et instruits pour les arts et industries du Livre.*

L'enseignement de l'École comprend, par cela même, toutes les branches de ces arts et de ces industries, depuis la gravure des poinçons et la fonte des caractères jusqu'à la reliure et à la dorure sur cuir, en passant par la composition et l'impression typographiques, la clicherie et la galvanoplastie, au point de vue de l'établissement du Livre; et par la gravure sur bois, la gravure en taille-douce, l'impression en taille-douce, la lithographie, crayon, plume, gravure, chromolithographie, l'impression lithographique, la photographie et ses dérivés, au point de vue de l'illustration.

$$* \atop * \ *$$

Pour bien comprendre l'idée maîtresse qui a guidé les promoteurs de l'École du Livre, il est nécessaire de glaner un peu dans l'histoire et d'exposer quelques-unes des raisons qui justifient le mouvement d'où sont sorties toutes les Écoles professionnelles de la Ville de Paris.

Depuis un siècle, l'apprentissage ancien a disparu, en même temps que disparaissaient les vieilles corporations, dans cette refonte générale qui devait, avec la Révolution française, créer la société moderne. Pour l'imprimerie en particulier, dès la fin du xviiie siècle, la liberté s'annonçait prochaine, et le patronat, affranchi des règles jalouses de la corporation et des ordonnances, n'avait guère plus à tenir compte que de la loi de l'offre et de la demande.

Un apprentissage nouveau entra dans l'usage : l'enfant, domestique du patron et de tout l'atelier, apprenant son métier par bribes, entre deux commissions, le plus souvent par suite de la complaisance d'un ouvrier, se spécialisa vite, pour gagner une vie qu'aucun règlement sérieux ne garantissait, et pour devenir, à son tour, le guide, quand il n'était pas le tyran, d'autres apprentis.

L'apprentissage sérieux, utile au métier, en assurant le développement et la progression normale, n'existait plus. Il était temps de réagir.

Le Conseil municipal de Paris, comprenant qu'il convenait de remédier à la disparition de plus en plus complète de l'apprentissage, se mit à l'œuvre dès le lendemain de la guerre de 1870, et institua successivement, en outre des six Écoles professionnelles de jeunes filles, sept Écoles professionnelles de garçons : Diderot (1873), Physique et Chimie (1882), Bernard-Palissy (1883), Germain-Pilon (1883), Boulle (1885), Estienne (1889), Dorian (1893).

Ces Écoles étaient appelées à rendre des services considérables à l'industrie en formant une élite d'ouvriers instruits théoriquement et pratiquement dans toutes les branches de leur profession, possédant des idées d'ensemble que l'extrême division du travail ne leur eût pas permis d'acquérir s'ils avaient appris leur métier dans un atelier, une manufacture ou une usine.

Fondés par le Conseil municipal, pour devenir en quelque sorte des écoles normales des professions manuelles les plus répandues à Paris, ces établissements n'avaient pas pour objet de se substituer absolument à l'apprentissage industriel ni d'aborder toutes les spécialités. Ils devaient être surtout consacrés aux industries qu'on peut appeler des *industries mères*, c'est-à-dire à celles qui embrassent plusieurs professions ou spécialités ayant de nombreux points de ressemblance, employant fréquemment des procédés de travail analogues et, en grande partie, le même outillage.

L'École Estienne, créée d'après ces principes, appartient à cette magnifique éclosion, qui s'étend sur une période de vingt années.

La Ville de Paris avait compris le danger qui menaçait l'industrie si parisienne du Livre ; elle avait senti qu'il était nécessaire de maintenir la tradition artistique sur le point de disparaître ; de conserver à Paris une des industries d'art qui l'ont pendant longtemps mis au premier rang.

La fondation de l'École Estienne a donc été un véritable bienfait.

Seule, une institution de ce genre pouvait réaliser ce but : former un centre d'études se rapportant toutes à l'industrie du Livre, grouper les jeunes gens qu'elles attirent, leur donner, avec un fonds de connaissances générales, une éducation technique qu'ils auraient trouvée difficilement ou même pas du tout dans un atelier.

Le maître relieur, par exemple, ne peut plus aujourd'hui former lentement, patiemment, un élève qui demain le quittera pour son concurrent ; le graveur aura, lui aussi, plus le souci de son travail que celui de faire école ; l'imprimeur voudra une production rapide, spécialisant les compositeurs, négligeant, dans sa fièvre de production hâtive, de se former des ouvriers aptes à travailler dans toutes les branches du métier.

Par la fondation d'une École du Livre, la Ville de Paris a voulu faire ce que faisait jadis couramment l'initiative privée ; elle a assumé la lourde tâche de sauvegarder l'intégrité des doctrines qui allaient chaque jour se perdant de plus en plus, et c'est là un effort digne d'éloges de la part de tous les amis du Livre.

Mais, dans cette voie, les difficultés à vaincre sont nombreuses ; et si, en matière d'art, il est possible, dans une certaine mesure, de renouer la chaîne des temps, ce n'est qu'au prix d'efforts considérables et persistants.

La perfection ne saurait s'atteindre du premier coup ; ce n'est que par des modifications introduites prudemment, après une étude sérieuse et approfondie, par des améliorations sûrement indiquées par la pratique, que l'on peut espérer y tendre utilement.

Or il est un fait hors de doute, c'est que, si le progrès est nécessaire dans l'industrie du Livre, s'il est désirable que de vieilles traditions soient anéanties et remplacées par une doctrine plus actuelle, s'il est vrai qu'il ne puisse y avoir qu'avantage à créer une génération nouvelle d'artistes du Livre, mieux élevés que les devanciers, mieux armés aussi contre les difficultés de leur art, il est non moins nécessaire de donner aux jeunes gens, appelés à bénéficier des efforts tentés, la notion exacte de ce que l'on attend d'eux, et, pour cela, de leur montrer ce que l'on a fait autrefois, ce que l'on fait de leur temps, et ce qu'ils devront faire. Il faut, en un mot, les pénétrer de cette idée qu'ils sont appelés à marcher de l'avant, à chercher la voie du progrès et à la suivre.

Tels sont les grands principes qui ont guidé les promoteurs de la fondation de l'École Estienne, et, ce qui peut être l'argument le meilleur en leur faveur, c'est que, après dix années d'existence, l'École s'y conforme encore et leur doit une bonne partie de ses succès.

I I

Fondation et installation provisoire

Depuis 1883, la question d'une École municipale professionnelle des arts et industries du Livre était à l'étude; on avait même envoyé à l'étranger un délégué chargé d'examiner l'organisation des Écoles professionnelles analogues à celle dont la Ville projetait la création; mais ce ne fut qu'en 1887, dans la séance du Conseil municipal du 3 juin, qu'une proposition formelle fut présentée. Cette proposition était signée de MM. Hovelacque, Navarre, Rousselle, Dumay, Faillet, Brousse, Soëns, Lavy, Chabert, Joffrin, Réties, Cattiaux, de Bouteiller, Robinet, Patenne, Daumas.

Il fut d'abord question, pour installer la nouvelle École, des terrains vainement revendiqués par la Ville, rue Oudinot; mais M. Hovelacque, qui prit l'initiative du dépôt de la proposition, indiqua les terrains acquis le 9 août 1882 rue de Gentilly — rue Hovelacque très prochainement — destinés d'abord à un groupe scolaire et depuis laissés sans emploi.

La proposition Hovelacque, déposée le 3 juin, puis renvoyée à la 4e Commission, fit l'objet d'un rapport de M. Hector Depasse à la séance du 20 juillet 1887. « L'industrie du Livre, disait le rapporteur, avec tout ce qu'elle comporte d'arts divers dans la gravure, la reliure, la dorure, a été longtemps une des gloires de Paris... Ce culte, cette religion du Livre, Paris l'a toujours eu au plus haut degré. » Aussi, la 4e Commission se déclarait-elle favorable à la création de l'École du Livre : « Elle est convaincue qu'en votant la création de cette École d'apprentissage du Livre, vous aurez l'honneur d'avoir fondé une institution essentiellement parisienne et française, la première au monde en son genre. »

Le 22 juillet, le Conseil municipal adoptait ce rapport sans discussion et nommait une Commission de surveillance, composée de MM. Hovelacque, *président*, Depasse, *secrétaire*, Navarre, Rousselle, Simon Soëns, Sauton, Cernesson, auxquels on adjoignit trois jours après MM. Bassinet et Cusset.

Le 27 juillet, le nom d'*Estienne* (1) était donné à la nouvelle École.

L'École Estienne était fondée en principe; ses promoteurs avaient espéré la voir en plein fonctionnement, dans ses locaux définitifs, dès 1889; malheureusement, ce désir ne pouvait se réaliser. Dans les séances du 21 novembre et du 24 décembre 1887, M. Marsoulan avait fait voter un crédit de 900.000 francs; le 7 décembre, M. Hovelacque avait proposé d'adjoindre des industriels à la Commission de surveillance; le 26 janvier 1888, M. Magnuski, professeur aux Écoles Lavoisier et Jean-Baptiste-Say, chargé depuis longtemps déjà d'élaborer un programme, remit à la Commission un plan complet d'installation; enfin, le 2 mai, des demandes d'emploi étaient adressées au Conseil municipal par différentes personnes. Mais il fallut renoncer à inaugurer l'École en 1889.

La Commission de surveillance le comprit, et, par diverses propositions du 15 mars, du 17 juin et du 20 novembre 1889, l'École Estienne fut provisoirement installée dans les dépendances de l'ancien collège Rollin, 14, rue Vauquelin. Le 20 novembre, la première promotion était admise.

Elle comprenait cent huit élèves suivant les cours réguliers du jour. Puis, un grand nombre d'apprentis et même d'ouvriers ayant exprimé le désir de voir s'ouvrir des cours du soir, M. Hovelacque en fit adopter la création : ils furent organisés dès le mois de décembre et comptèrent cent cinquante auditeurs.

Le 15 janvier suivant, d'accord avec le Conseil municipal, l'Administration annexait à l'École Estienne les dix élèves de l'École des dessinateurs lithographes, dont le directeur fondateur, M. Sanier, venait de mourir.

Enfin, le 15 mars 1890, l'État accordait la reconnaissance légale à l'École municipale professionnelle Estienne, à la suite de l'engagement pris par le Conseil municipal, à la date du 24 octobre 1889,

(1) Nom d'une famille célèbre d'imprimeurs et d'érudits français du xvi⁴ siècle qui rendit de très grands services aux lettres en imprimant plus de douze cents ouvrages. Les plus illustres de ses membres furent : Henri I⁴⁴. chef de la dynastie des Estienne (1470-1521); Robert I⁴⁴, fils du précédent (1503-1559); Henri II, fils de Robert Estienne (1532-1598).

UN DES MÉDAILLONS

DU PANNEAU DÉCORATIF DE L'ÉCOLE ESTIENNE

ROBERT ESTIENNE

d'assurer pendant un délai de cinq années les ressources nécessaires à l'entretien de l'École.

Dix-sept ateliers fonctionnaient à ce moment-là : Fonderie, Composition typographique, Clicherie et galvanoplastie, Impression typographique, Écriture lithographique, Dessin lithographique, Chromolithographie (anciens élèves de l'École Sanier), Gravure sur pierre, Impression lithographique, Gravure sur bois, Gravure en relief, Gravure en taille-douce, Impression en taille-douce, Papeterie-réglure, Reliure, Dorure sur cuir, Photographie et procédés.

Parmi les ouvriers de la première heure, c'est-à-dire ceux qui présidèrent à l'organisation de l'École et se dévouèrent à cette tâche ardue, il convient de citer les membres des deux premières Commissions de surveillance désignés par le Conseil municipal en 1887 et en 1890. Première Commission : MM. Hovelacque, *président*, qui, lors de sa démission, survenue le 9 décembre 1889, fut remplacé par M. Cusset; Hector Depasse, *secrétaire;* Bassinet, Cernesson, Champoudry, A. Pétrot, Navarre, Rousselle, Sauton, Simon Soëns, tous membres du Conseil municipal. Deuxième Commission : MM. Collin, conseiller municipal, *président;* M. Depasse, *secrétaire;* Blondel, Chauvière, Delhomme, Dervillers, A. Humbert, Lampué, Morane, Stupuy, conseillers municipaux; Champenois, président de la Chambre syndicale des imprimeurs lithographes; Lortic, relieur; Liébault, ingénieur, délégué du Ministère du Commerce et de l'Industrie; Vincent, inspecteur primaire, délégué du Ministère de l'Instruction publique.

La direction provisoire avait été confiée à M. Magnuski, qui, depuis 1883, avait été chargé par l'Administration d'études et de missions pour le projet de fondation. Au nom de la Commission de surveillance, M. Hector Depasse le proposa comme directeur définitif, dans la séance du 30 décembre 1889; le Conseil adopta ses conclusions, et la nomination ministérielle intervint le 26 avril de l'année suivante. M. Magnuski dirigea l'École jusqu'au mois d'août 1891.

Le 14 septembre suivant, M. Hersent, surveillant général à l'École Colbert, fut chargé de l'intérim de la direction. Son passage à l'École, si court qu'il ait été, fut marqué par d'excellentes mesures administratives. Il rétablit notamment la discipline parmi les jeunes

apprentis, peu encore habitués à la vie dans une École professionnelle, et releva le moral du personnel, qui avait craint un moment
que le principe de l'École ne fût en jeu. On ne peut que lui adresser
des éloges pour la manière dont il s'acquitta d'une tâche aussi
délicate dans des circonstances aussi difficiles.

Avec l'arrivée de M. Frayssinet, ancien directeur de l'École
professionnelle de Limoges, nommé directeur de l'École Estienne
le 7 avril 1892 et installé le 26 du même mois, on peut dire que l'ère
des difficultés est close.

La route étant déblayée, le nouveau Directeur eut en effet toute
latitude pour organiser fortement les divers services de l'École,
tâche qu'il sut mener à bien, justifiant ainsi la confiance que le
Conseil municipal avait placée en lui. Sous son administration,
de nombreuses améliorations furent réalisées, et l'aménagement
des nouveaux locaux du boulevard d'Italie fut poussé avec la
plus grande vigueur. En même temps, M. Frayssinet s'efforçait de
dissiper les malentendus et de concilier à l'École les sympathies
extérieures qui lui avaient souvent manqué.

Grâce à l'impulsion donnée par le Directeur et à l'activité et au
dévouement déployés par tous ses collaborateurs, l'École put non
seulement prendre part, avec un très grand succès, aux divers
concours d'apprentis organisés par les Chambres syndicales, mais
elle put également figurer dignement à diverses Expositions.

Elle obtint notamment :

Un diplôme de médaille d'or à l'Exposition de la Société nationale
des sciences et des arts industriels, Paris, 1890 ;

Un diplôme de médaille d'argent et un diplôme de médaille d'or
aux Expositions universelles d'Anvers, 1890 et 1895 ;

Un diplôme de médaille d'or à l'Exposition internationale du
progrès, Paris, 1893 ;

Un diplôme de médaille d'or à l'Exposition internationale du centenaire de la lithographie, Paris, 1895.

Plusieurs élèves graveurs sur bois ou en taille-douce furent
admis et récompensés au Salon annuel des artistes français.

Enfin, la première promotion sortie en juillet 1893 montra l'excellence des méthodes d'enseignement appliquées à l'École : car,
sur cinquante-sept élèves sortants, cinquante-deux furent immédia-

tement placés en qualité d'ouvriers dans les ateliers industriels, où ils reçurent un salaire moyen de 4 francs par jour.

Depuis l'année précédente, l'École était de plein exercice, sa 4ᵉ année d'enseignement ayant été ouverte en octobre 1892.

La route était tracée, le char de l'École pouvait rouler désormais sans heurts et sans cahots. Il ne restait plus, après avoir abandonné les locaux provisoires de la rue Vauquelin, qui avaient abrité l'École pendant les années d'épreuves, qu'à inaugurer les nouveaux bâtiments du boulevard d'Italie. Ce fut l'œuvre de l'année 1896.

III

Construction — Description de l'édifice

Les bâtiments de l'École Estienne actuelle, l'œuvre si imposante dans sa noble simplicité de M. Manjot de Dammartin, architecte de la Ville de Paris, ont été édifiés sur l'emplacement d'un vaste terrain situé à l'angle du boulevard d'Italie et de la rue de Gentilly.

Avant que la Ville de Paris fît l'acquisition de ce terrain en 1882 et jusqu'au moment où le premier coup de pioche fut donné, un jardinier maraîcher faisait pousser péniblement choux, carottes et autres légumes sur son maigre sol, constitué par les remblais successifs qui avaient servi à combler les anciennes et profondes carrières dont la Bièvre avait jadis baigné le pied.

La délibération du 9 août 1882 spécifiait, il est vrai, qu'un groupe scolaire s'élèverait sur l'emplacement de ces terrains ; mais nous avons vu plus haut comment, sur l'initiative de M. Hovelacque, le Conseil municipal affecta cet emplacement à la construction de l'École du Livre (22 juillet 1887).

La partie du terrain qui se trouve immédiatement en bordure des deux voies avait été néanmoins réservée pour une autre destination ; c'est pourquoi l'École fut bâtie en retrait du boulevard d'Italie et de la rue de Gentilly. Ce n'est qu'en 1894 (délibération du 17 septembre) que le Conseil municipal décida de transformer en jardin d'honneur la partie antérieure de l'École.

Le plan de l'École Estienne a été conçu sur un programme pouvant permettre, d'une part, de donner satisfaction aux nécessités de l'enseignement théorique et de l'enseignement technique, et d'assurer, d'autre part, le fonctionnement des divers services de l'Administration.

A cet effet, les bâtiments de l'École se divisent en trois parties, répondant aux trois parties du programme :

1° L'Administration ;

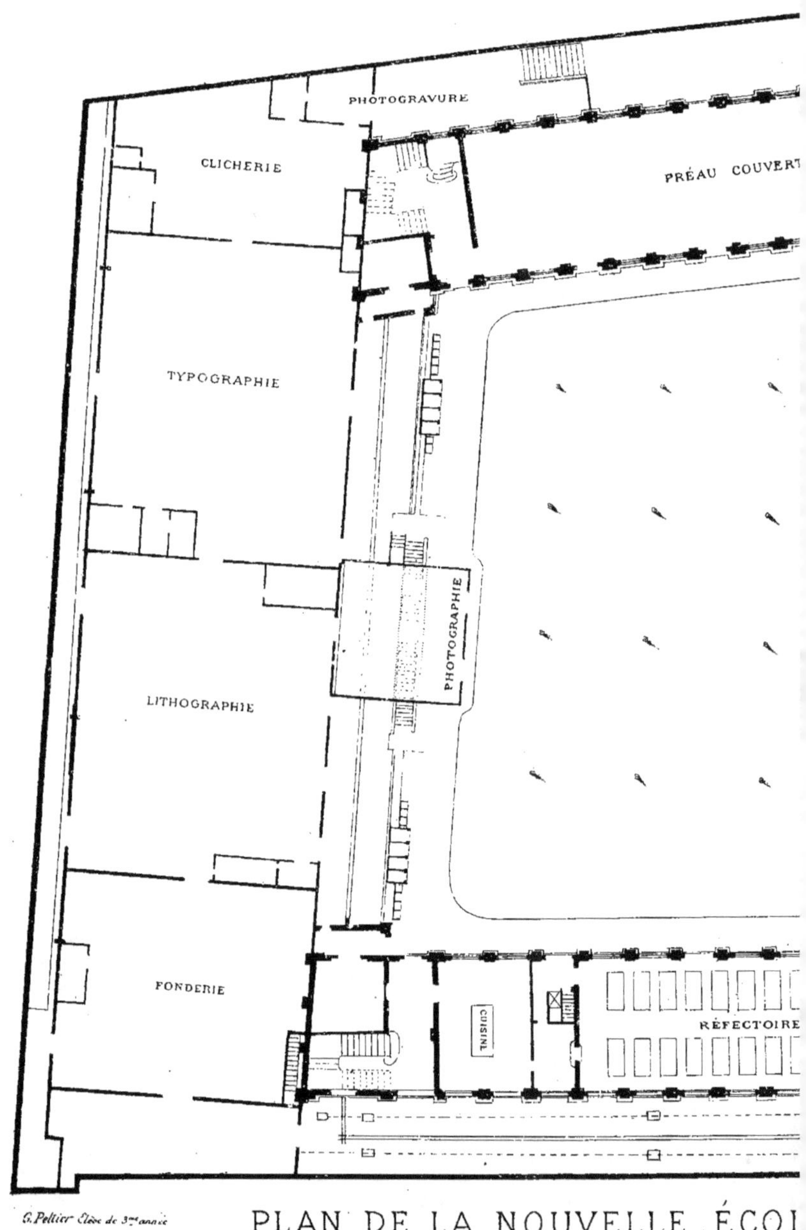

PLAN DE LA NOUVELLE ÉCOL

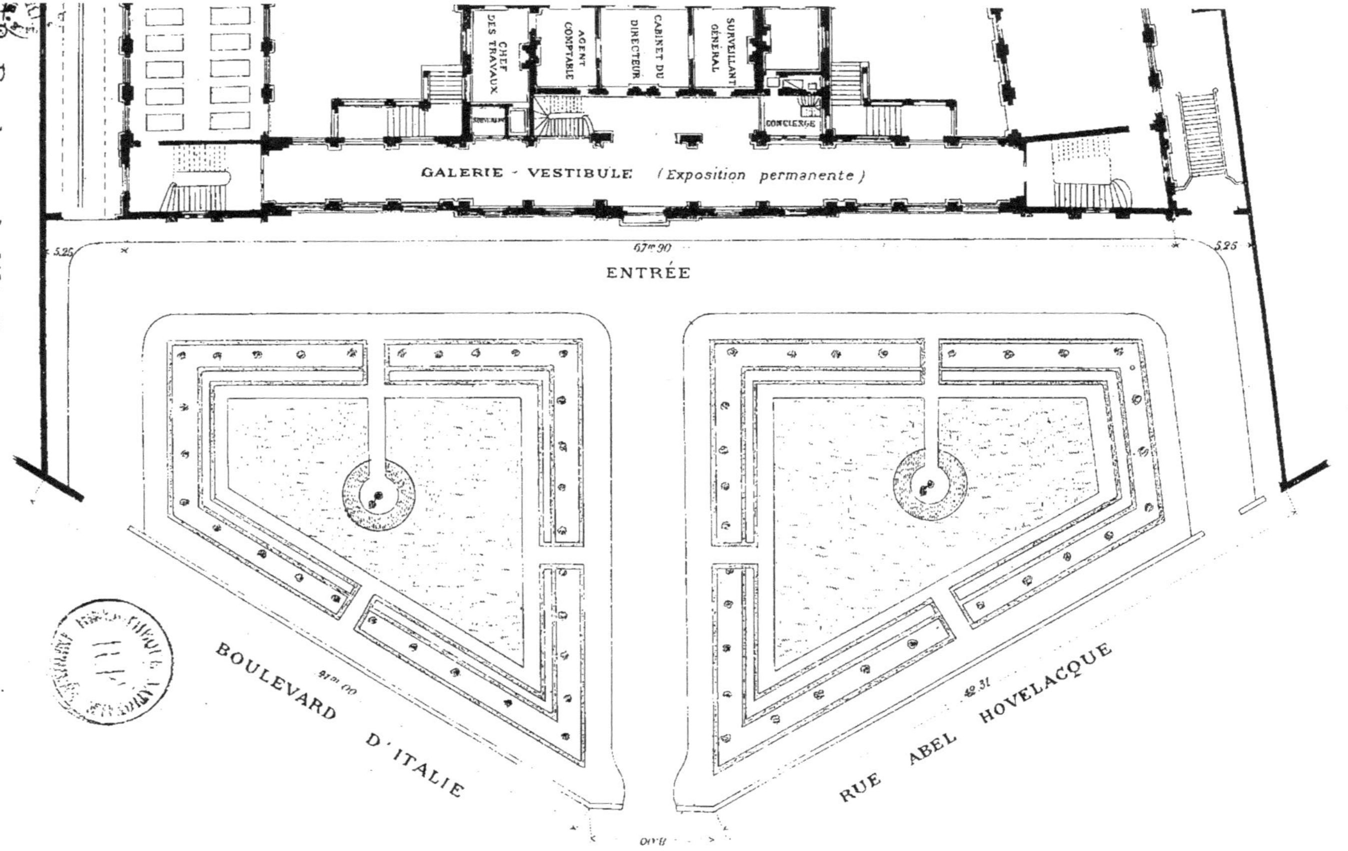

18, Boulevard d'Italie (Rez-de-Chaussée)

2° Les classes, amphithéâtre et dépendances;

3° Les ateliers.

L'Administration, installée dans un bâtiment spécial élevé d'un étage, occupe le centre de la façade principale de l'École et comprend : au rez-de-chaussée, la galerie-vestibule, le logement du concierge, le cabinet du Directeur, ceux du Surveillant général, du Chef des travaux, de l'Agent comptable, le cabinet du garçon de bureau ; au premier étage, la grande salle de la Bibliothèque servant de salle de Conseil et de salle de collections, et l'appartement du Directeur. Le bâtiment de l'Administration est relié par deux vastes galeries aux deux bâtiments en aile élevés de trois étages et contenant dans l'aile droite : au rez-de-chaussée, le préau couvert; au premier étage, trois classes de chacune quarante élèves, l'atelier de reliure et la réserve de papeterie; au deuxième étage, le cabinet de physique, le cabinet d'histoire naturelle, le grand amphithéâtre et l'atelier de gravure en relief ; au troisième étage, l'atelier de dorure sur cuir, les archives et le logement du garde-magasin. Dans l'aile gauche, au rez-de-chaussée, le réfectoire et la cuisine; au premier étage, quatre classes de chacune soixante élèves; au deuxième étage, l'atelier de gravure en taille-douce, l'atelier de gravure sur bois, l'atelier de gravure sur pierre, les deux ateliers des écrivains et des dessinateurs lithographes; au troisième étage, l'atelier d'impression en taille-douce, les salles de dessin et de modelage et deux logements de gagistes.

Ces deux bâtiments limitent la cour centrale sur ses deux côtés, à droite et à gauche; c'est dans ces deux ailes que sont installés tous les services de l'enseignement de l'École, à l'exception des ateliers de composition, de clicherie, d'impression typographique et lithographique et de fonderie, qui, en raison de leur caractère pratique industriel, ont pris place dans un très vaste hall fermant la cour centrale sur son quatrième côté et au milieu duquel manœuvrent sous l'action de la vapeur les machines-outils nécessaires au bon fonctionnement de ces ateliers.

Toute l'École est chauffée par la vapeur et éclairée par l'électricité produite par les machines dynamos installées dans le sous-sol du hall avec les machines à vapeur servant de moteurs aux machines-outils et aux machines productrices de l'électricité.

Les bâtiments sont construits en brique avec corniches et bandeaux en pierre; ils sont couverts en ardoise.

Le hall des machines ou hall des ateliers, qui ne mesure pas moins de 71 mètres en longueur et de 17 mètres en largeur, est construit tout en fer et vitré.

La surface totale de l'établissement, compris le jardin d'honneur, est d'environ 5.600 mètres, dont environ 3.256 mètres en constructions.

La dépense des constructions s'est élevée à 1.415.959 fr. 42, rabais déduit.

A flanc de coteau sur la Bièvre, le terrain destiné à l'Ecole était en déclivité très prononcée et pour cette raison le sol du rez-de-chaussée de l'Ecole s'étage par trois plans de niveaux différents; le rez-de-chaussée du bâtiment d'Administration, qui est de plain-pied avec le jardin d'honneur sur le boulevard d'Italie, forme le premier étage sur la cour centrale, et celle-ci est elle-même plus élevée d'un étage que le hall des ateliers; ces différents niveaux sont mis en communication très facile par des escaliers extérieurs, et cette disposition de sol étagé est très favorable à l'aération de l'établissement, qui est parfaite.

Ce terrain, très en pente sur la rivière, recouvrait des carrières exploitées jusqu'à des profondeurs considérables et variables, qui ont nécessité des consolidations souterraines et à ciel ouvert très dispendieuses et très difficiles à exécuter au point de vue de la construction; c'est ainsi que l'architecte dut faire creuser cent cinquante-quatre puits reposant sur la couche calcaire dite lambourde, qui ne se rencontrait qu'à une profondeur moyenne de 16 mètres; c'est sur ces puits, qui furent remplis de béton, que furent ensuite assises les fondations de l'Ecole.

Commencés en décembre 1888, les travaux de gros œuvre étaient terminés et les bâtiments entièrement couverts en décembre 1890; les peintures, les parquets et les aménagements intérieurs des bâtiments ont été achevés en 1891 (octobre); c'est seulement en 1892 qu'ont été faits les murs de clôture, les urinoirs et les sols des cours; ce retard est dû en partie à la difficulté de sortir les eaux; car, au début de l'opération, le terrain qui, par délibération du 17 septembre 1894, est devenu le jardin d'honneur tel qu'on le voit aujourd'hui, ne devait pas faire partie de l'Ecole, ainsi que nous l'avons dit, et l'égout du boulevard d'Italie, qui devait recevoir les eaux de l'Ecole Estienne, était séparé de celle-ci de toute la longueur du terrain réservé; il fallut (29 juin 1891) obtenir le crédit nécessaire pour faire à travers ce terrain l'égout qui conduirait plus tard les eaux de l'École Estienne dans l'égout du boulevard d'Italie, qui est situé à 24 mètres de profondeur; ce travail a été exécuté par le service des ingénieurs.

Les travaux d'installation de la force motrice dans le hall, de l'aménagement et de l'ameublement des divers locaux de l'École se prolongèrent jusqu'à la fin de l'année 1895.

Enfin l'inauguration des bâtiments eut lieu le 1er juillet 1896.

IV

Inauguration des nouveaux bâtiments
de l'École Estienne

C'est le mercredi 1ᵉʳ juillet 1896, à 3 heures, qu'eut lieu, en présence de M. Félix Faure, président de la République, assisté de M. Rambaud, ministre de l'Instruction publique, et de M. Boucher, ministre du Commerce et de l'Industrie, l'inauguration de la nouvelle École du Livre.

Étaient présents à cette cérémonie : M. Pierre Baudin, président du Conseil municipal, le Bureau du Conseil et un grand nombre de membres de cette Assemblée ; M. Gervais, président du Conseil général, et plusieurs de ses collègues ; M. de Selves, préfet de la Seine ; M. Lépine, préfet de Police ; M. Lampué, président de la Commission de surveillance de l'École, et ses collègues ; MM. Gérault-Richard et Paulin-Méry, députés du XIIIᵉ arrondissement ; MM. Paul Bernard, Rousselle, Navarre et Alfred Moreau, conseillers municipaux du XIIIᵉ arrondissement ; M. Bruman, secrétaire général de la Préfecture de la Seine ; M. Laurent, secrétaire général de la Préfecture de Police ; M. Buisson, directeur de l'Enseignement primaire au Ministère de l'Instruction publique ; M. Bouquet, directeur de l'Enseignement commercial au Ministère du Commerce ; M. Carriot, directeur de l'Enseignement primaire à la Préfecture de la Seine ; M. Thomas, maire, et MM. les Adjoints du XIIIᵉ arrondissement ; MM. les Maires et Adjoints des Vᵉ, VIᵉ et XVᵉ arrondissements ; le Directeur et le personnel de l'École ; M. Estienne, descendant de la famille Estienne, et de nombreux représentants de l'industrie du Livre.

Une foule considérable stationnait autour de l'École, sur l'avenue des Gobelins et sur la place d'Italie, où la mairie du XIIIᵉ arrondissement était pavoisée et décorée.

Les invités, reçus par M. Pierre Baudin, président du Conseil municipal, étaient conduits à l'estrade d'honneur dressée dans le préau couvert de la nouvelle École.

Une musique militaire prêtait son concours à cette solennité.

La voiture de M. le Président de la République arriva, escortée d'un peloton de cuirassiers, jusqu'au perron du pavillon central où l'attendaient M. le Président du Conseil municipal, M. le Préfet de la Seine, M. le Préfet de Police, M. le Directeur de l'Enseignement, M. Lampué, président de la Commission de surveillance de l'École, M. l'Inspecteur général des travaux d'architecture, M. Menjot de Dammartin, architecte de l'établissement, M. Frayssinet, directeur de l'École, MM. Blondel, Breuillé, Dubois, E. Moreau, conseillers municipaux, M. Collin, ancien conseiller, M. Chauvière, député, M. Champenois, président de la Chambre syndicale des imprimeurs lithographes, et M. Marius-Michel.

Après quelques mots de bienvenue de M. le Président du Conseil municipal, le cortège se forma et M. le Président de la République procéda à la visite détaillée du nouvel établissement.

Le cortège revint ensuite au préau couvert, où M. le Président de la République prit place sur l'estrade, entouré de tous les invités. Après l'audition de la *Marseillaise*, écoutée debout par toute l'assistance, les discours suivants furent prononcés :

Discours de M. Pierre Baudin

PRÉSIDENT DU CONSEIL MUNICIPAL DE PARIS

MONSIEUR LE PRÉSIDENT,

Au nom de Paris, je vous remercie d'avoir accepté notre invitation. Votre présence ici honore grandement les représentants de la Cité ; elle est aussi, et, si vous m'y autorisez, j'y voudrais voir surtout, une haute adhésion aux idées et au programme du Conseil municipal en matière d'enseignement professionnel.

Il y a un an environ, vous assistiez à l'inauguration de l'École du Meuble ; aujourd'hui, vous inaugurez l'École du Livre. Les enseignements diffèrent, mais l'idée dont ils procèdent est la même ; ils ont pareille signification et pareille portée.

Qu'il s'agisse en effet de l'École Estienne, de l'École Boulle ou des créations antérieures (Germain-Pilon, Diderot et Bernard-Palissy), toutes ces fondations consacrent la manifestation d'une même pensée et — si l'expression ne vous paraît pas trop prétentieuse — je dirai même d'une politique économique ; toutes participent d'un même sentiment de protestation contre la tendance du patron et de la famille ouvrière à sacrifier l'apprentissage au gain immédiat ; toutes sont une tentative de réaction contre le nivelle-

2

ment du machinisme, l'invasion croissante du mercantilisme dans la production d'art, la spécialisation à outrance dont l'engourdissante monotonie énerve toute intelligence et toute initiative.

Susciter des personnalités, éveiller des vocations par une instruction générale agréablement variée, stimuler et développer les aptitudes professionnelles par des méthodes techniques pondérées, préparer aux industries de luxe des générations d'ouvriers, de praticiens, d'artistes, amoureux de leur profession, épris des belles choses et respectueux des règles d'esthétique inspiratrices des grandes traditions, sauvegarder ainsi de la concurrence étrangère l'universelle suprématie de goût et de savoir-faire de la production parisienne et, du même coup, défendre l'intégrité du patrimoine intellectuel de notre race, tel est, Monsieur le Président, le programme que poursuit depuis une quinzaine d'années l'effort énergique et patient du Conseil municipal.

L'École Estienne est une application particulière à l'industrie du Livre de ce programme.

Il appartiendra tout à l'heure au Président de la Commission de surveillance de rappeler les circonstances qui entourèrent la naissance du nouvel établissement et les fortunes diverses qui ont traversé ses débuts dans le monde ; il indiquera aussi à quels besoins cette École devait répondre et si elle a rempli les espérances de ses fondateurs.

Pour ma part, j'ai hâte d'apporter le tribut de notre admiration et de notre reconnaissance à l'illustre famille d'imprimeurs dont le nom patronne cet établissement et est inséparable de l'histoire des commencements, fort curieux, de l'imprimerie parisienne.

L'invention de Gutenberg était connue en Allemagne depuis 1455, quand, en 1470, deux enfants du peuple, Jean de la Pierre et Guillaume Fichet, l'importèrent à Paris.

De la Pierre avait montré à Fichet des livres imprimés par le procédé nouveau, et celui-ci, qui professait en Sorbonne, avait immédiatement saisi les avantages de cette merveilleuse invention.

Le livre, œuvre du calligraphe, était alors un objet de grand luxe. On l'attachait avec une chaîne à un pupitre et ceux qui voulaient le lire ou le consulter étaient obligés d'attendre leur tour. Les livres manuscrits, illustrés par les enlumineurs, représentaient de véritables fortunes ; c'est dire que l'instruction et la science n'étaient accessibles qu'aux riches et à certains privilégiés.

Fichet et de la Pierre s'occupèrent de faire venir des ouvriers imprimeurs à Paris. Trois élèves de Gutenberg répondirent à leur appel. Fichet les installa dans un local de l'ancienne Sorbonne, dont il était alors bibliothécaire, et de la Pierre fut chargé de diriger l'atelier.

Ainsi fut fondée la première imprimerie parisienne dans le courant de l'année 1470 ; elle débuta par un manuel de style épistolaire en latin à l'usage des étudiants de l'Université, et cette publication, accueillie avec enthousiasme, s'annonçait en ces termes pompeux :

« Comme le soleil répand la lumière sur le monde, toi, Ville de Paris, tu vas répandre la science sur le monde ! Voici les premiers livres qu'a produits la nouvelle industrie des imprimeurs sur la terre de France ! Les maîtres Michel, Ulrich et Martin les ont imprimés et ils en feront encore d'autres. »

Au commencement de l'année 1473, Michel, Ulrich et Martin quittèrent la Sorbonne et s'établirent à leur compte rue Saint-Jacques, à l'enseigne du *Soleil-d'Or*. Ils y avaient été précédés par un de leurs élèves les plus habiles, Pierre Césaris, qui venait de fonder, à l'enseigne du *Soufflet-Vert*, près de l'église Saint-Benoît, la seconde imprimerie parisienne, et qui, au bout de quelque temps, s'associait les ouvriers qu'il avait formés, créant ainsi le premier atelier coopératif.

Les impressions de cet atelier étaient particulièrement soignées ; les ouvriers en étaient justement fiers et ils traduisaient leur légitime orgueil par ces lignes, d'une naïveté charmante, placées en tête d'un de leurs livres :

« Si tu contemples ces feuilles imprimées, produit d'un art nouveau, tu auras dépassé toute imagination. Personne auparavant n'avait atteint à ce degré de perfection. On ne peut faire mieux. L'art a donné tout ce qu'on pouvait en attendre. A moins qu'on ne les détruise, ces pages braveront les siècles, grâce au brillant de l'encre et à la beauté des caractères. »

Paroles prophétiques couchées sur le papier il y a plus de quatre cents ans. Le livre qui nous les a conservées existe encore, dans nos bibliothèques publiques, intact comme au premier jour, et témoigne de la supériorité de l'œuvre des premiers imprimeurs parisiens.

Cependant la corporation des écrivains, des copistes et des enlumineurs, qui était nombreuse et jouissait de grands privilèges, s'efforçait d'enrayer les progrès de l'invention nouvelle ; elle y était encouragée par les sympathies de la Cour et des grands seigneurs qui, aux livres en latin imprimés pour les étudiants et le clergé, préféraient les beaux manuscrits, exécutés par d'habiles calligraphes, et rehaussés de gouaches ou décorés de brillantes miniatures représentant des batailles et des prouesses de chevalerie.

La lutte eût pu durer longtemps avec des chances diverses, si un imprimeur parisien, Jean du Pré, établi rue Saint-Jacques, près de l'église Saint-Séverin, et, après lui, un libraire, fournisseur de la Cour, — Antoine Vérard, — n'avaient eu l'intuition du parti qu'on pouvait tirer de la gravure pour l'ornement des livres.

L'impulsion donnée, nous voyons apparaître Guy Marchand, Pierre Le Rouge, Philippe Pigouchet, Simon Vostre, les frères Hardouin, je ne cite que les plus connus. Les uns et les autres publient des livres d'heures avec images et bordures rappelant les sculptures des monuments gothiques et les sujets satiriques des gargouilles et des porches des anciennes cathédrales.

Le manuscrit était vaincu. L'art typographique s'épanouit dans sa jeunesse radieuse, déjà conscient des hautes destinées qui l'attendent.

Nous entrons alors dans l'admirable période de la Renaissance, et au seuil du xvie siècle nous voyons apparaître Henri Estienne, premier du nom, le chef de la glorieuse dynastie des Estienne, puis — avec Josse Bade, Gilles de Gourmont, Simon de Colines, Geoffroy Tory, les Vascosan, les Morel — Robert Estienne, le plus célèbre de la famille.

Né à Paris, en 1503, Robert, dès son enfance, se trouva en rapport avec des savants distingués et des correcteurs habiles, familiers de la maison paternelle. A l'âge de dix-sept ans, il perdit son père, et sa mère épousa Simon de Colines. Ce fut donc chez son beau-père, à la fois graveur, fondeur en caractères et imprimeur, que le jeune Robert, sans négliger ses études, acheva son apprentissage typographique, et il avait à peine dix-neuf ans lorsque Simon de Colines lui confia l'édition latine du Nouveau Testament.

Quelques corrections que Robert crut devoir apporter au texte, d'après les meilleurs manuscrits, lui suscitèrent des haines dont il eut à souffrir cruellement plus tard.

En 1528, il épousa la fille du savant imprimeur Josse Bade, l'un des auteurs de la révolution typographique qui remplaça les lettres gothiques par les caractères romains employés de nos jours.

Sa maison, dirigée par cette femme aimable et instruite, devint un foyer de science et un centre littéraire ; on y parlait couramment le latin, le grec et l'hébreu, et tout le monde, chez lui, maîtres, ouvriers, enfants, domestiques, parlait ou comprenait le latin.

Après la mort de François Ier, son protecteur, Robert fut en butte aux persécutions de l'intolérance et, pour échapper au sort d'Étienne Dolet, il dut s'expatrier. Il se fixa à Genève, où il fonda un autre atelier et où il mourut.

Les éditions de Robert Estienne sont remarquables par un goût sévère. Les seuls ornements qu'il se permette sont ces belles lettres grises ou criblées qui reposent la vue, et quelques vignettes, en tête des livres ou des chapitres, reproduisant dans le goût de la Renaissance ce que les manuscrits de Rome et de la Grèce offrent de plus merveilleux en ce genre.

Son fils Henri, qui lui succéda, continua brillamment la tradition paternelle. Il rouvrit l'atelier de Paris, tout en conservant l'imprimerie de Genève. Là il a soin de rappeler sur ses livres qu'il est de Paris. Il prend habituellement le titre de « typographus parisiensis ».

« Son seul but, a dit Léon Feugère, un de ses biographes, était de se prévaloir de l'espèce de noblesse renfermée dans le nom de Parisien, dont les gens de lettres étaient également jaloux de se parer à la même époque. »

Il serait impossible d'énumérer, même sommairement, tous les travaux littéraires et typographiques de Henri Estienne, tant ils sont nombreux. Je rappellerai seulement son *Trésor de la langue grecque*, œuvre herculéenne, comme son temps l'a qualifiée.

Robert avait publié le *Trésor de la langue latine*. En publiant à son tour le *Trésor de la langue grecque*, Henri a complété l'œuvre de son père et doté l'Europe savante d'instruments de progrès scientifique qu'elle ne possédait pas encore.

Après trois siècles, cet ouvrage gigantesque n'a pas vieilli; il est encore consulté de nos jours par les lexicographes de tous les pays.

Henri Estienne, a dit un homme du métier — M. Didot, — a été le premier imprimeur de tous les pays et de tous les âges.

Parlerai-je maintenant des autres membres de la famille des Estienne, des frères, des fils, des neveux? Ils sont toute une phalange : François Estienne, Charles Estienne, Robert Estienne II, Paul Estienne et d'autres encore. Tous ont quelque titre de gloire littéraire à produire.

La Ville de Paris a placé la statue de Robert Estienne à côté de celles des grands hommes qui décorent la façade de l'Hôtel de Ville, et, étendant sa reconnaissance à tous les membres de cette incomparable famille, elle a voulu que l'École du Livre portât le nom des Estienne!

Un tel patronage oblige maîtres et élèves! Les résultats déjà obtenus témoignent qu'ils ont souci de réaliser l'idéal et de continuer les traditions de cette illustre maison. J'en félicite, j'en remercie MM. les professeurs, et M. le Directeur, dont le Conseil municipal apprécie particulièrement le tact et la fermeté.

Sans doute, les convenances modernes, les nécessités contemporaines ont des exigences que n'ont pas connues les imprimeurs du xvie siècle. La vapeur, aidée de la chimie et de l'électricité, a révolutionné l'industrie, la presse et toutes les habitudes sociales; une fièvre de production, un prodigieux tumulte de pensée et d'art, mène le monde depuis un demi-siècle, et nous vivons un de ces moments de l'histoire où l'humanité rajeunie marche à de nouveaux destins, plus confiante, meilleure et plus belle.

Jeunes gens, dont la tâche sera de donner à la pensée écrite la forme matérielle et la durée, soyez donc de votre temps. Vous devrez pouvoir travailler vite et à bon compte. Mais l'éducation professionnelle que vous recevez ici serait une duperie, si vous n'y puisiez pas le savoir solide et la probité artistique qui ont distingué de tout temps les produits de l'industrie parisienne.

Sachez à la fois profiter des ressources du progrès et garder le culte de vos grands ancêtres, sans aller pourtant jusqu'à imiter complètement ce moine enlumineur du xve siècle qui, à la fin de certains manuscrits, œuvres admirables, poussait cette exclamation, suprême contentement d'une âme candide et d'un cœur pur : *Explicit hoc totum. Per Christum da mihi potum !* « Enfin mon œuvre est terminée. Par le Christ, qu'on me donne à boire ! »

Je plains le pauvre moine s'il ne s'est jamais désaltéré qu'après chacune de ses œuvres ; mais je vous plaindrais bien davantage si, à son exemple, vous deviez arroser les milliers de livres qui sortiront de vos presses. A coup sûr, vous détiendriez le record de l'intempérance.

En d'autres termes, jeunes gens, soyez curieux des choses du passé et des recherches nouvelles. C'est à cette double condition que vous pourrez suffire aux exigences de l'art moderne; non qu'il hésite vers des concepts jadis florissants — il est avide au contraire des naïves et fortes sensations du passé; — mais, en y touchant, il les transforme, il les déforme pour se les assimiler.

Conciliez la science et l'art, et que par vos mains, prestigieux outils au service du verbe, se perpétue l'évolution sans terme de la raison et soit transmis parmi les hommes, aujourd'hui et toujours, le génie de Paris, notre bien-aimée cité, prodigue de gloire et de beauté.

Il me reste, Messieurs, à saluer M. le Ministre de l'Instruction publique et M. le Ministre du Commerce, qui ont bien voulu répondre à notre invitation. Leur présence nous est un précieux encouragement; elle atteste l'intérêt qu'ils portent à l'œuvre du Conseil municipal. Au nom de mes collègues, je les remercie bien cordialement.

Enfin, Messieurs, je dois féliciter l'architecte de la nouvelle École, M. Menjot de Dammartin, qui a su tirer un si bon parti du terrain mis à sa disposition et subordonner, exemple trop rare, les satisfactions de son amour-propre d'artiste aux exigences d'une appropriation intelligente des bâtiments.

Discours de M. de Selves

PRÉFET DE LA SEINE

MONSIEUR LE PRÉSIDENT,

Il y a un an environ, mon prédécesseur vous remerciait de l'honneur que vous faisiez à la Ville de Paris et de la sollicitude que vous témoigniez aux classes laborieuses en inaugurant dans le vieux faubourg Saint-Antoine l'École Boulle.

Votre sollicitude pour nos œuvres parisiennes ne se ralentit jamais : qu'il s'agisse d'œuvres destinées à maintenir dans tout leur plus vif éclat les productions du goût français, de faciliter dans les diverses branches de l'activité humaine les efforts du travail ou, encore, d'œuvres destinées à soulager les infortunes que la nature et les accidents de la vie engendrent trop souvent, nous avons toujours la très vive satisfaction de voir le premier magistrat de la République venir de sa présence encourager les efforts utiles, consoler et réconforter les humbles et les malheureux.

Aujourd'hui, c'est à l'inauguration de l'École du Livre que vous voulez bien assister.

Que de pensées ce mot évoque! Pouvons-nous concevoir un moment où le livre, ce gardien de la pensée humaine à travers les âges, ce vulgarisateur par excellence des connaissances diverses, n'existait pas encore, et où le manuscrit contenant seul la pensée de son auteur, au lieu de circuler pour propager l'idée, était, en vue de sa conservation, gardé avec un soin jaloux, éloigné des regards de tous, hormis de quelques privilégiés ?

On raconte, Monsieur le Président, qu'un de vos lointains prédécesseurs, se croyant malade, demanda à la Faculté de médecine un manuscrit qu'elle possédait et dans lequel il s'imaginait trouver un spécifique à son usage. La Faculté de médecine refusa tout d'abord, puis finit par céder, mais en exigeant du roi Louis XI que, par acte en due forme et à titre de gage, il lui donnât sa vaisselle d'argent.

La Faculté n'aurait plus ces exigences. Le livre de nos jours lui permettrait, Monsieur le Président, d'être moins rigoureuse à votre égard.

L'histoire nous montre que de petites causes ont amené quelquefois de grands résultats. Cet incident ne fut peut-être pas étranger à l'énergique appui que Louis XI fournit à Martin Krantz et qui lui permit, en dépit des résistances qui lui étaient opposées, de créer en 1470, dans les dépendances de la Sorbonne, la première imprimerie française.

La famille Estienne, dont le chef naissait en 1470, l'année même où s'installait à Paris cette première imprimerie, allait former une véritable dynastie et donner à notre imprimerie son essor et son plus grand éclat.

Ce fut par goût et contre le gré de sa famille, qui était noble, que Henri Estienne, le premier, se fit imprimeur. Jusque sous la Restauration et sans interruption on trouve au premier rang de nos imprimeurs le nom d'Estienne.

C'est d'un Estienne que Voltaire disait qu'il avait attaché son nom à des publications si belles qu'elles ne pouvaient être surpassées.

En 1854, un Estienne dirigeait encore les presses à la maison Didot.

Aussi, lorsqu'il fut appelé à donner un nom à l'École du Livre, le Conseil municipal ne put-il mieux faire que de l'appeler l'École Estienne. C'était un pieux devoir qu'il réalisait ainsi, en même temps qu'il synthétisait par un grand nom le but à atteindre.

Les maîtrises et les jurandes ont disparu sous le souffle de la Révolution. L'insuffisance de l'apprentissage n'a pas tardé à s'accuser avec leur disparition. Un vide existait qui pouvait compromettre le renom mérité de nos industries en leur enlevant le caractère artistique qui les distinguait. Le Conseil municipal de Paris, toujours soucieux des créations à la fois utiles au développement intellectuel de l'ouvrier et au bon renom du pays, a voulu combler ce vide en créant l'École du Livre.

Nulle part, en effet, plus que dans l'industrie du Livre, la nécessité d'une École professionnelle ne se faisait sentir.

Dès 1854, Paul Dupont, dans son *Histoire de l'imprimerie*, signalait les dangers de la situation. Plus tard, M. Broin, délégué de l'Association ouvrière « l'Imprimerie Nouvelle » devant la Commission d'enquête de la Chambre des députés chargée de rechercher les causes de la crise qui sévissait sur l'industrie française, disait :

« Dans l'intérêt de la typographie et de l'industrie du Livre, il importe de créer dans le plus bref délai, en dehors de l'influence patronale et ouvrière, une École d'apprentissage du Livre. »

Installée provisoirement en novembre 1889 rue Vauquelin, elle reçoit aujourd'hui son installation définitive.

Le Président de son Conseil de surveillance vous dira, avec une autorité que je ne saurais avoir, quelle est son organisation intérieure. Il vous apprendra qu'en dehors des cours professionnels dits de l'École, la Ville de Paris a organisé des cours du soir, afin que les ouvriers puissent avoir le moyen d'ajouter des connaissances nouvelles et générales aux connaissances trop spéciales et trop restreintes que leur donnent leurs travaux quotidiens de l'atelier.

Je me borne à cette heure à constater que la fondation de cette École, dans cet arrondissement où l'art trouve déjà, dans la manufacture des Gobelins, l'une de ses manifestations les plus brillantes, constitue une grande œuvre due à la pensée la plus généreuse et la plus éclairée; qu'elle honore, après tant d'autres, le Conseil municipal à qui elle est due et qu'il est particulièrement réconfortant, à notre époque de progrès social, de voir le Président de la République française la consacrer par sa présence et donner ainsi un nouveau gage de sa sollicitude toujours en éveil envers le monde du travail.

Discours de M. Lampué

PRÉSIDENT DE LA COMMISSION DE SURVEILLANCE DE L'ÉCOLE

MONSIEUR LE PRÉSIDENT DE LA RÉPUBLIQUE,

Au nom de la Commission de surveillance, au nom des élèves et de tout le personnel de l'École Estienne, je vous remercie d'être venu assister à l'inauguration de ce bel édifice; à plus d'un titre, nous sommes heureux de vous voir parmi nous; ce qui nous réjouit surtout, c'est que votre présence ici, Monsieur le Président, est la plus belle leçon que nous puissions donner à nos élèves, la leçon de l'exemple.

En vous voyant, en effet, vous le premier magistrat de la République, chacun peut constater que, dans notre démocratie, un homme sorti des belles et fertiles couches du peuple peut, à force de travail et de droiture, s'élever au rang suprême.

Qu'on ne croie pas cependant que chaque élève, ici, caresse le rêve de devenir président de la République, non, mais tous ont le bel orgueil, nous en donnons l'assurance, de devenir des hommes de bien, des républicains dévoués, des artisans de premier ordre.

L'École Estienne prépare et préparera toujours à la République des générations successives d'hommes éclairés et vaillants qui, pour combattre les ennemis de l'intérieur, ne feront appel qu'au seul bulletin de vote, mais qui, le cas échéant, demanderaient d'autres armes pour combattre et repousser les ennemis du dehors.

Cette École a pour but de former des ouvriers habiles et instruits pour les arts et les industries du Livre; en même temps que nous dressons la main de nos élèves aux habiletés professionnelles, nous parons leur intelligence d'études variées et utiles; on les verra briller dans les œuvres de leur art, rendre nul le prix de la matière première pour ne laisser apparaître que la valeur artistique de leur travail. Les résultats obtenus passent déjà notre espérance; quoique l'École soit de création récente, nos élèves sont si bien appréciés, qu'à peine sortis de la maison, et souvent même avant d'en sortir, ils se placent tous avantageusement dans l'industrie; nous voyons même chaque année ces enfants franchir les limites de ce qu'on appelle l'art industriel, limites bien difficiles à préciser à la vérité, nous les voyons, dis-je, exposer au Salon des artistes français et y obtenir des récompenses; dans tous les concours publics on ne leur dispute plus les premières médailles.

Ici l'enseignement est familier, amical, paternel, aussi le cœur des enfants est-il à l'aise, et c'est à vue d'œil qu'on voit se former leur intelligence, grandir leur caractère et leur savoir; sous une direction habile, ils puisent aux sources; rien de ce qui constitue l'origine du livre ne leur est étranger; depuis le papyrus primitif jusqu'aux éditions populaires d'aujourd'hui, ils ont suivi les diverses évolutions de leur art, ils se sont pénétrés du rôle éminemment civilisateur, de l'influence immense et glorieuse du livre dans la marche ascendante de l'humanité.

S'il est vrai de dire qu'un bon livre, bien pensé et bien écrit, est le meilleur ami que nous puissions avoir, on ne saurait contester qu'il ne gagne encore dans notre estime quand il se présente à nous avec des dehors et des parures d'art qui le font aimer davantage; et c'est dans cet état, si séduisant, que par les élèves de l'École Estienne le livre contenant le savoir et la pensée humaine ira, de main en main, de génération en génération, répandant toujours plus de lumière, partant plus de justice.

MONSIEUR LE PRÉSIDENT,

Ce livre que l'École Estienne vous offre et que je vous prie d'accepter est entièrement l'œuvre de nos différents ateliers; sauf la matière première, tout a été fait ici; vous y trouverez : les Droits de l'homme, la Constitution qui régit la République et quelque chose qui vous touche de plus près : la séance de l'Assemblée tenue à Versailles, le 17 janvier 1895, d'où vous êtes sorti Président de la République.

En finissant, Monsieur le Président, recevez de nous tous l'expression de notre grand respect et de nos sentiments dévoués.

◆

LISTE

DES

MEMBRES DE LA COMMISSION DE SURVEILLANCE

NOMMÉE PAR LE CONSEIL MUNICIPAL

DANS SES SÉANCES DES 15 ET 19 JUIN 1896

qui étaient en exercice lors de la cérémonie d'inauguration

MM. Lampué, *président*, conseiller municipal.
Paul Bernard, conseiller municipal.
Breuillé, conseiller municipal.
Colly, conseiller municipal.
Gras, conseiller municipal.
Alfred Moreau, conseiller municipal
Ranson, conseiller municipal.
Champenois, ✻, industriel.
Marius-Michel, industriel.
Edmond Morin, typographe.
Leroux, I. ❦, délégué du Ministère de l'Instruction publique.
Liébault, O. ✻, délégué du Ministère du Commerce.
P. Frayssinet, I. ❦, directeur de l'École, *secrétaire*.

CHAPITRE II

ORGANISATION ADMINISTRATIVE

ET PÉDAGOGIQUE

ORGANISATION ADMINISTRATIVE
ET PÉDAGOGIQUE

I

Conditions d'admission

Pour être admis à suivre les cours de l'École, il faut subir un examen. Le concours d'admission, qui a lieu, tous les ans, vers le milieu de juillet, comprend trois épreuves écrites : 1° une dictée; 2° deux problèmes d'arithmétique; 3° un dessin à vue d'après le plâtre.

Pour être admis à concourir, tout candidat doit satisfaire aux conditions suivantes : justifier qu'il est Français et domicilié à Paris; avoir au moins treize ans accomplis et pas plus de seize ans à la date du 1er septembre de l'année du concours; être pourvu du certificat d'études.

Les inscriptions sont reçues tous les jours, à partir du 15 juin, de 8 heures du matin à 6 heures du soir, jusqu'à la veille du concours, au siège de l'École.

Les pièces à produire sont : 1° bulletin de naissance; 2° certificat d'études primaires; 3° certificat de revaccination; 4° livret de notes scolaires; 5° carte d'électeur du père ou certificat de nationalité visé par le commissaire de police.

II

Gratuité de l'enseignement et des repas

L'enseignement est gratuit pour les élèves habitant Paris. Quant à ceux dont les parents habitent la banlieue, ils peuvent être admis également à suivre les cours de l'École en raison de leur rang de concours, mais à la condition toutefois que les communes suburbaines auxquelles ils appartiennent s'engagent à rembourser, pour chacun d'eux, une somme annuelle de 200 francs (*délibération du Conseil municipal de Paris en date du 10 avril 1889*).

L'École fournit gratuitement le déjeuner et le goûter aux élèves habitant Paris. Les élèves de la banlieue peuvent apporter leur déjeuner. Ils peuvent aussi prendre leur repas à l'École, sauf à payer une rémunération fixée par le règlement.

Des bourses de déjeuner ont été instituées par le Conseil général pour venir en aide aux familles nécessiteuses habitant les communes suburbaines.

III

Répartition dans les ateliers des élèves
admis au concours

Le nombre des jeunes gens admis chaque année varie de soixante-quinze à quatre-vingt-dix. Ces enfants ne sont pas immédiatement classés dans l'une des spécialités de l'enseignement technique de l'École. Pendant les quatre premiers mois de leur présence, ils sont divisés en un certain nombre de groupes, et chaque groupe passe successivement une semaine dans chacun des ateliers de l'École.

Dans le courant du mois de janvier suivant, tous ces enfants ont, par conséquent, touché aux diverses variétés de travail dont ils peuvent recevoir l'enseignement.

Il leur est possible de dire, à ce moment, quelle est la spécialité qui correspond le mieux à leurs goûts, à leurs aptitudes, aux convenances de leurs parents. Aussi sont-ils invités à le faire.

Toutefois, comme ils peuvent se tromper tout au moins sur leurs aptitudes, M. le Directeur de l'École ne s'en tient pas à ces indications pour effectuer leur classement.

Il rapproche les demandes formulées par les enfants des notes que les divers professeurs leur ont données pendant leur passage dans les ateliers; s'il y a concordance, le classement est définitif.

Mais, s'il y a au contraire désaccord, l'enfant est placé à nouveau pendant une semaine dans la spécialité qu'il a demandée, et cette épreuve suffit généralement pour faire disparaître toute difficulté d'appréciation sur la meilleure direction à lui donner.

IV

Enseignement — Sa durée, son caractère

La durée des études est de quatre ans. Toutefois, dans certaines sections (*Gravure, Lithographie, Photogravure*), les élèves peuvent être admis à faire une cinquième année d'études.

L'enseignement est divisé en deux branches bien distinctes : enseignement théorique, enseignement technique.

L'enseignement théorique a pour objet de compléter l'instruction générale des apprentis et de leur donner les notions indispensables à tout ouvrier qui désire se perfectionner dans son métier.

Les principales matières enseignées sont : Langue française. — Histoire et géographie. — Lecture du grec. — Notions de mathématiques et de géométrie. — Sciences physiques et naturelles appliquées aux arts et industries du Livre. — Histoire de l'Art. — Histoire du Livre. — Modelage. — Dessin d'ornement. — Dessin à vue et dessin industriel. — Gymnastique et exercices militaires.

L'enseignement théorique est donné tous les matins, de 8 h. 30 à midi. Il est *général* pour les élèves de 1re et de 2e année, quelle que soit leur profession.

Mais, pour les élèves de 3e et de 4e année, au contraire, il est divisé en trois ordres de *cours spéciaux* : les uns suivis par les graveurs, les lithographes et les doreurs ; les autres suivis par les compositeurs, les clicheurs, les photograveurs et les relieurs ; les derniers enfin, par les fondeurs et les imprimeurs typographes, lithographes et en taille-douce.

Cet enseignement spécial est distribué de façon à faire profiter autant que possible les élèves des connaissances se rapportant le plus directement à leur profession : chez les lithographes, graveurs et doreurs, c'est le dessin qui domine ; chez les typographes, le français, l'histoire et les éléments des sciences ; chez les imprimeurs, la chimie et la mécanique, etc.

Les élèves de 3ᵉ et de 4ᵉ année n'ont de cours théoriques que quatre matinées par semaine; *le vendredi et le samedi, ils passent toute la journée à l'atelier*.

Les cours techniques ont lieu, de 1 heure à 6 heures du soir, du lundi au samedi, *jeudi compris*, pour tous les élèves.

L'enseignement technique comprend quinze professions différentes :

Pour la *Typographie :* Fonderie en caractères, — Composition et correction, — Impression (presses à bras et machines), — Clicherie et galvanoplastie : soit quatre professions.

Pour la *Reliure :* Reliure, — Dorure sur cuir : soit deux professions. En outre, trois professeurs spécialistes viennent, chacun une fois par semaine, donner aux élèves de l'atelier de reliure des notions de dorure sur tranches, de marbrure et de ciselure du cuir.

Pour la *Gravure :* Gravure sur bois, — Gravure en relief, — Gravure en taille-douce, — Impression en taille-douce : soit quatre professions.

Pour la *Lithographie :* Gravure sur pierre, — Chromolithographie et dessin lithographique, — Écriture lithographique, — Impression (presses à bras et machines) : soit quatre professions. De plus, un professeur d'autographie vient faire, deux fois par semaine, des cours aux élèves lithographes.

Pour la *Photographie :* Photographie et procédés qui en dérivent (photogravure, phototypie, etc.) : un atelier.

L'enseignement, tel qu'il est donné, est des plus démocratiques, car il permet aux enfants d'ouvriers de continuer leur instruction primaire jusqu'à l'âge de dix-sept à dix-huit ans, tout en apprenant *complètement* un métier. On ne fait pas de spécialistes à l'École Estienne.

Dans chaque atelier, l'outillage et les matières premières fournies permettent d'exécuter tous les travaux d'une profession. *Comme on travaille pour apprendre et non pour produire*, on peut mettre en main aux apprentis les modèles les plus variés et suivre une marche progressive.

Ainsi, par exemple, les apprentis compositeurs, lorsqu'ils sortent de l'École, auront exécuté tous les travaux qui se font en typographie, depuis la ligne courante de réimpression jusqu'aux modèles les plus compliqués de travaux en plusieurs couleurs.

Contrairement à ce que beaucoup se figurent, on ne fait pas à l'École des ouvriers connaissant *tous les métiers*, ce qui équivaudrait à dire qu'ils n'en connaissent aucun. Les enfants, il est vrai, *voient* dans les quatre premiers mois tous les ateliers; mais, ensuite, pendant le reste de leur séjour à l'École, ils sont uniquement ou compositeurs, ou imprimeurs, ou graveurs, ou lithographes, etc.

L'École Estienne donne donc un apprentissage complet aux jeunes gens qui se destinent à l'une des professions se rapportant aux arts et industries du Livre, et, en outre, *pratiquement*, le supplément d'instruction primaire enseigné dans les cours complémentaires. Seuls, les cours de dessin comportent un programme assez élevé dans les sections de gravure, de lithographie et de dorure appliquée à la reliure d'art.

V

Examens — Certificats d'apprentissage

Un examen a lieu dans chaque division à la fin de chaque trimestre. L'année scolaire est divisée à cet effet en trois trimestres d'une durée approximative de trois mois et demi : le premier, du 15 septembre au 1ᵉʳ janvier; le deuxième, du 1ᵉʳ janvier au 15 avril; le troisième, du 15 avril au 1ᵉʳ août.

Les élèves sont classés par ordre de mérite, après chaque examen trimestriel, suivant le nombre de points qu'ils ont obtenus.

A la fin de l'année scolaire, l'examen trimestriel, pour la 1ʳᵉ, la 2ᵉ et la 3ᵉ année, porte le nom d'*examen de passage*.

Les élèves qui ont obtenu des notes tout à fait insuffisantes à cet examen ne peuvent passer dans la classe suivante et sont tenus ou de quitter l'École ou de redoubler leur classe. C'est le Conseil de surveillance de l'École qui décide, en pareil cas, si l'élève doit être rendu ou non à sa famille.

Pour les élèves de 4ᵉ année, qui constituent la *promotion sortante*, le dernier examen trimestriel porte le nom de *concours final de promotion*.

Un jury spécial, composé des membres de la Commission de surveillance et d'un certain nombre de délégués des Chambres syndicales, juge les épreuves de ce concours et procède au classement définitif de la promotion sortante.

Les élèves de 4ᵉ année reçoivent à la fin de leurs études : les plus méritants, des primes en espèces et un diplôme d'honneur; les autres, un certificat avec récompenses ou un certificat constatant simplement qu'ils ont suivi, pendant quatre années, les cours de l'établissement.

L'École ne répond en aucun cas des anciens élèves qui n'ont pas terminé leur apprentissage dans l'établissement et n'ont par suite obtenu ni diplôme ni certificat.

VI

Système d'émulation et de discipline

Le système d'émulation et de discipline a pour base le livret de quinzaine.

LIVRET DE CORRESPONDANCE

Au commencement de chaque année, tous les élèves reçoivent un livret de correspondance, dont chaque feuille contient les notes de travail et de discipline que l'élève a méritées dans le courant de la *quinzaine*, et les places qu'il a obtenues dans les compositions *trimestrielles* pour chaque faculté. Les notes sont données sur l'échelle de 0 à 10.

Notes et leur signification : 10, parfaitement bien. — 9, très bien. — 8 et 7, bien. — 6, assez bien. — 5, passable. — 4 et 3, médiocre. — 2, mal. — 1, très mal. — 0, nul.

Le livret, remis à l'élève le samedi soir, doit être rapporté le lundi matin à l'École, *revêtu de la signature des parents*. Ceux-ci peuvent, de la sorte, suivre les travaux de leurs enfants et prendre une part très efficace au progrès de leurs études.

Le livret donne une appréciation exacte du travail et de la conduite de l'élève et permet d'établir une sanction pour chaque jour, une pour chaque quinzaine et une à la fin de chaque trimestre.

RÉCOMPENSES

Des témoignages d'encouragement, récompenses journalières ou bonnes notes, satisfecit de quinzaine, mentions honorables, inscriptions au tableau d'honneur trimestriel, livres, gravures, outils, livrets de Caisse d'épargne, sont décernés en cours d'année et à la fin de l'année scolaire aux élèves qui ont fait preuve d'application.

1° *Récompenses journalières.* — Des récompenses sont accordées aux élèves dans les conditions suivantes :

1° Aux cours techniques et aux cours théoriques (interrogations ou devoirs) :

Les notes 6, 7, 8 donnent droit à une récompense; les notes 9 et 10 donnent droit à deux récompenses (à raison d'une note par quinzaine dans chaque faculté);

2° Aux études, mouvements (conduite générale) :

Des notes journalières étant attribuées aux élèves, suivant une échelle de 0 à 3, la note maximum 3 donne droit à une récompense.

Récompenses pour les places de premier et de second. — Les places de premier dans les différentes compositions trimestrielles valent deux récompenses; celles de second, une récompense. Ces récompenses s'ajoutent à toutes les autres pour le classement des élèves inscrits au tableau d'honneur.

2° *Satisfecit de quinzaine.* — En fin de quinzaine, tout élève de 1re et de 2e année ayant au moins trente récompenses et au plus deux punitions obtient un *satisfecit;* il en est de même pour les élèves de 3e et de 4e année qui n'ont eu qu'une punition.

Le satisfecit peut servir au rachat de deux travaux supplémentaires ou d'une exclusion temporaire.

3° *Tableau d'honneur trimestriel avec récompenses spéciales.* — L'année scolaire est divisée en trois trimestres, comprenant chacun trois mois et demi :

1er trimestre, du 1er septembre au 15 décembre;

2e trimestre, du 15 décembre au 1er avril;

3e trimestre, du 1er avril au 15 juillet.

Cinq satisfecit, dont trois successifs, obtenus dans le même trimestre, donnent droit, s'ils sont produits, à l'inscription de l'élève au tableau d'honneur.

Chaque trimestre, des récompenses spéciales (gravures, livres, outils, etc.) sont accordées à ce sujet.

Les noms des élèves portés au tableau d'honneur sont inscrits par ordre de mérite.

4° *Mention honorable et prix d'honneur.* — Les élèves inscrits trois fois au tableau d'honneur obtiennent, en fin d'année, une mention honorable.

Un prix d'honneur est décerné dans chaque section au plus méritant.

Ce choix est fait au moyen de valeurs différentes attribuées aux places de tableau d'honneur.

5° *Prix et livrets de Caisse d'épargne.* — Des livres de prix et des livrets de Caisse d'épargne sont décernés enfin aux meilleurs élèves de chaque division et de chaque atelier, en raison des places qu'ils ont obtenues dans les compositions et en raison de leur rang de classement à la fin de l'année scolaire.

PUNITIONS

Les seules punitions données à l'École sont :

1° La punition simple, infligée journellement, soit pour mauvaise conduite, soit pour notes insuffisantes (1 et 0) ;

2° Le travail supplémentaire ;

3° La retenue ;

4° Le renvoi temporaire ;

5° Le renvoi définitif.

Le renvoi temporaire et même le renvoi définitif peuvent être prononcés, selon la gravité de la faute, sans avertissement préalable.

A la fin de chaque quinzaine, les élèves de 1re et de 2e année qui ont douze punitions, ceux de 3e année qui en ont neuf et ceux de 4e année qui en ont six sont passibles de sanctions spéciales, réglées comme suit :

1re année. — 1re quinzaine : travail supplémentaire (pour la première fois, remise en est faite à l'élève dont le nombre des récompenses l'emporte sur celui des punitions) ;

2e quinzaine : travail supplémentaire, avec retenues journalières.

NOTA. — Ces retenues sont proportionnées au chiffre des punitions et se font de midi et demi à 2 heures ;

3e quinzaine : travail supplémentaire, avec retenues pendant une semaine ;

4e quinzaine : exclusion d'un jour, avec retenues pendant le reste de la semaine ;

5e quinzaine : exclusion de deux jours, avec retenues pendant le reste de la semaine ;

6ᵉ quinzaine : renvoi provisoire.

2ᵉ année. — 1ʳᵉ quinzaine : travail supplémentaire;

2ᵉ quinzaine : travail supplémentaire, avec retenues pendant une semaine;

3ᵉ quinzaine : exclusion d'un jour, avec retenues pendant le reste de la semaine;

4ᵉ quinzaine : exclusion de deux jours, avec retenues pendant le reste de la semaine;

5ᵉ quinzaine : renvoi provisoire.

3ᵉ et 4ᵉ année. — 1ʳᵉ quinzaine : travail supplémentaire;

2ᵉ quinzaine : exclusion d'un jour, avec retenues pendant la moitié de la semaine;

3ᵉ quinzaine · exclusion de deux jours, avec retenues pendant le reste de la semaine;

4ᵉ quinzaine : renvoi provisoire.

Nota. — Tout élève exclu trois fois pendant le même trimestre peut être rendu définitivement à sa famille.

VII

Cours du soir

En outre des cours du jour destinés aux élèves de l'École, la Ville a institué des cours du soir pour les adultes qui veulent se perfectionner dans leur métier. Les élèves des cours du jour ne peuvent y assister. Ces cours ont lieu du 15 octobre au 15 juin et sont généralement faits par des professeurs autres que ceux du jour.

A l'origine, les cours du soir étaient les mêmes que ceux du jour; plus tard, certains cours, n'ayant pu réunir qu'un nombre insuffisant d'auditeurs, ont dû être supprimés.

Actuellement, les seuls cours professés le soir sont : la composition et l'impression typographiques (presses à bras), la stéréotypie, l'impression lithographique (presses à bras) et la reliure.

Pour être admis aux cours du soir, il faut avoir treize ans révolus.

Toutefois, les apprentis pourvus du certificat d'études primaires sont reçus dès l'âge de douze ans.

Il suffit de se faire inscrire pour y assister.

CABINET DU DIRECTEUR

VIII

Personnel

Le personnel de l'École Estienne se divise en personnel administratif et de surveillance, en personnel enseignant et en personne. de service.

Le personnel administratif de l'École se compose du Directeur, du Surveillant général, de l'Agent comptable, du Chef des travaux, du médecin inspecteur, du commis aux écritures, du garde-magasin, de cinq surveillants.

Le personnel enseignant se compose de professeurs théoriques au nombre de dix et de professeurs techniques au nombre de vingt-quatre, dont quatorze titulaires des ateliers et dix auxiliaires.

Un garçon de laboratoire et cinq gagistes sont chargés du service intérieur de l'École; une cuisinière et trois aides, du service de la cantine.

Le Directeur seul est nommé par arrêté du Ministre de l'Instruction publique, sur l'avis conforme du Ministre du Commerce et de l'Industrie (décret du 17 mars 1888).

Les autres fonctionnaires sont nommés par le Préfet de la Seine.

Le Directeur et l'instituteur adjoint, chargé du cours de français et d'histoire, versent seuls à la Caisse des retraites de l'État.

Le Surveillant général et les surveillants, l'Agent comptable et le commis aux écritures peuvent être admis à verser à la Caisse des retraites de la Préfecture de la Seine.

DIRECTEUR

Le Directeur exerce sa surveillance sur toutes les parties du service. Il prend des décisions sur les cas urgents et imprévus, sauf à en rendre compte à l'autorité supérieure.

Les obligations qui lui incombent sont relatives :

1° A la direction pédagogique, qui embrasse tout ce qui concerne les études professionnelles et la discipline ;

2° A la direction administrative, qui comprend les rapports avec la Direction de l'Enseignement primaire de la Seine, avec la Commission de surveillance et de perfectionnement, avec les familles des élèves et le public en général ;

3° A la direction économique, qui consiste à surveiller la comptabilité et à ordonnancer les dépenses.

SURVEILLANT GÉNÉRAL

Le Surveillant général est l'aide et, en cas d'absence, le suppléant du Directeur.

Il est le chef des surveillants, qu'il dirige et seconde de son autorité et de son expérience.

Il est chargé de veiller à la rigoureuse application de l'emploi du temps, à la discipline des classes, des études, des ateliers, des récréations et des mouvements généraux.

Il prend note des élèves absents, contrôle les présences journalières et en donne le chiffre à l'Agent comptable pour le service de la cantine.

Il est chargé, en temps ordinaire, de la correspondance avec les familles.

Il constate que le déjeuner a été servi conformément au menu approuvé par le Directeur et que les élèves ont observé les convenances prescrites ; pendant les récréations, il interdit les jeux trop bruyants ou dangereux.

Il contrôle l'exactitude des fonctionnaires de tout ordre et signale au Directeur les retards et les absences de chacun.

Il passe, matin et soir, dans les classes et ateliers, en apprécie la discipline, veille, en particulier, à l'observation du programme des cours d'enseignement théorique et rend compte de son mandat au Directeur par un rapport quotidien.

Il dresse et soumet à l'approbation du Directeur le tableau des compositions trimestrielles.

Il signe les bons des professeurs théoriques, vise chaque jour tous les cahiers de cours et signale au Directeur les observations des professeurs et des surveillants relatives au travail et à la conduite des élèves.

Il a l'initiative de toutes les mesures propres à réprimer les fautes contre la discipline. Néanmoins, il s'assure de l'approbation préalable du Directeur pour les renvois temporaires.

AGENT COMPTABLE

L'Agent comptable est chargé de l'administration financière de l'établissement et de tous les détails du service intérieur, y compris celui de la cantine.

Il a sous ses ordres le garde-magasin, les gagistes, les femmes employées à la cantine et la concierge.

Il est chargé de poursuivre la rentrée des sommes dues à l'École, d'enregistrer les bons de commande, de transmettre à l'Administration les mémoires des fournisseurs et d'acquitter toutes les dépenses du personnel et de la cantine. Il a la responsabilité du matériel et des approvisionnements.

En ce qui concerne l'administration intérieure, il surveille et dirige le personnel de service.

Il assiste à la réception des fournitures de toute espèce, notamment aux livraisons quotidiennes de la viande, du pain et des denrées diverses.

Il visite deux fois par jour, à des heures variées, les classes, les ateliers, le réfectoire, la cour, le préau, les couloirs et les escaliers.

Il confère tous les jours avec le Directeur au sujet de son service. Il lui fait part notamment des réparations ou installations à demander au service d'Architecture.

Tous les jours, de 11 h. 30 à midi, il est présent à l'office et au réfectoire, pour assurer la bonne répartition des vivres entre les différents groupes d'élèves.

L'Agent comptable veille à la bonne tenue des registres qui lui sont imposés par le règlement; il est soumis au contrôle de la caisse, que doit exercer le Directeur.

De concert avec le Surveillant général pour le mobilier et les fournitures scolaires, et avec le Chef des travaux pour le matériel, les matières premières et l'outillage professionnel, il fait une fois par an, en juillet, l'inventaire général.

Il contrôle l'inventaire particulier fait par chaque professeur technique le dernier samedi de chaque mois.

A la fin de l'année scolaire, il dresse un état de tout l'outillage qui doit être, durant les vacances, réparé ou remplacé, et assure pour la rentrée l'approvisionnement complet dans chaque section professionnelle.

Il en est de même pour les livres, les fournitures scolaires et de bureau, ainsi que pour le matériel de la cantine.

CHEF DES TRAVAUX

Le Chef des travaux, placé sous l'autorité du Directeur, est responsable des ateliers, dont il a, par délégation, la surveillance et la direction.

Il prend, d'accord avec le Directeur, toutes les mesures nécessaires dans l'intérêt de leur bon fonctionnement. Il veille à ce que le programme de l'enseignement professionnel soit rigoureusement suivi.

Il s'entretient journellement avec le Directeur de tout ce qui se passe dans les ateliers.

Le Chef des travaux veille scrupuleusement à la bonne tenue des ateliers, à la conservation des outils et à l'économie dans l'emploi des matières premières.

Il distribue les ordres de travail sur bons de commande signés du Directeur de l'École.

Il copie sur un registre spécial toutes les commandes, qui doivent porter un numéro d'ordre.

Le Chef des travaux soumet à la signature du Directeur les bons de marchandises demandées par les professeurs techniques, après les avoir vérifiés et visés.

Il est chargé également de la répartition des matériaux nécessaires aux différents enseignements techniques.

Le Chef des travaux signale à l'Agent comptable tous les produits fabriqués, au fur et à mesure de la livraison opérée par les professeurs techniques.

Il peut être appelé par ce dernier à vérifier la qualité des matières premières qui entrent à l'École. Il peut être également consulté sur la quantité à acquérir, lorsque, au point de vue du prix, de la conservation, de l'usage rare ou fréquent qu'on en peut faire, il y a lieu de procéder ainsi.

En résumé et comme son nom l'indique, le Chef des travaux est le lien vivant par lequel est assurée la coordination de tous les travaux exécutés dans les ateliers de l'École.

COMMIS AUX ÉCRITURES

Le commis aux écritures est placé à la fois sous les ordres directs du Directeur, auquel il sert de secrétaire, et sous ceux de l'Agent comptable, qu'il aide dans ses écritures. Il dresse notamment les états d'appointements et fait toutes les listes ou copies exigées par l'Administration.

GARDE-MAGASIN

Le garde-magasin est placé sous l'autorité de l'Agent comptable.

Il l'assiste dans la réception des fournitures diverses et notamment dans celles de la cantine. Il assure la distribution des fournitures scolaires et d'atelier, qu'il a le soin de *préparer lui-même* et de répartir conformément aux bons de commande signés par le Surveillant général ou le Chef des travaux et visés par le Directeur.

Son service d'écritures administratives comprend la tenue régulière du registre relatif à la cantine et de celui relatif au magasin d'approvisionnement. Il établit le relevé mensuel des présences pour le contrôle des dépenses du déjeuner et du goûter quotidiens.

Il présente au Directeur, à la fin de chaque mois, la situation des magasins et prévient à l'avance l'Agent comptable de toutes les matières premières qui sont sur le point de faire défaut.

Il assure l'ordre, l'économie et la propreté des magasins dont il a la charge.

Ordinairement, les distributions de fournitures diverses ont lieu de 8 h. 30 à 9 heures et de 1 heure à 2 heures. Cependant, dans des cas urgents, le garde-magasin a le devoir de faire tenir, à toute heure de la journée, dans les classes et dans les ateliers, ce qui pourrait être demandé par les professeurs de tous ordres.

PERSONNEL THÉORIQUE

L'enseignement donné par les professeurs théoriques a pour objet de compléter l'instruction générale des apprentis et de leur donner des notions grammaticales, littéraires, scientifiques, artistiques, nécessaires à tout ouvrier qui désire se perfectionner dans son métier.

Sont considérés comme professeurs théoriques les professeurs des cours de dessin, de modelage, de français, d'histoire et de géographie, de calligraphie, de mathématiques, de sciences physiques et naturelles, d'histoire de l'Art et du Livre, de physique et chimie photographiques, de gymnastique.

Les maîtres chargés de ces divers enseignements reçoivent des traitements à l'heure non soumis à retenue, sauf l'instituteur adjoint, chargé de l'enseignement du français et de la géographie, qui reçoit un traitement fixe soumis à retenue.

Les traitements varient suivant l'enseignement donné.

Les professeurs théoriques peuvent recevoir tous les trois ans et pendant quatre périodes de trois années des augmentations de traitement de 25 francs par heure de cours.

Le professeur se conforme pour l'enseignement qui lui est confié au programme spécial qui a été adopté pour l'École.

Des cahiers de cours étant remis aux élèves, les professeurs doivent veiller à leur bonne tenue, voir si les rédactions sont à jour et donner une note après chaque visite.

Dans chaque division et à des dates fixées par le Directeur, des compositions générales sont faites sur les matières déjà vues. Quelques jours après, elles sont remises, avec la feuille de classement portant au verso le texte de la composition, au Directeur, qui en donne le résultat aux divisions intéressées.

PERSONNEL TECHNIQUE

L'enseignement technique est donné à l'École par des professeurs spéciaux, choisis, après concours, sur une liste de trois candidats.

Les professeurs titulaires reçoivent un traitement fixe et uniforme. Les professeurs auxiliaires et les aides reçoivent une indemnité proportionnée à la durée de leur service.

Le professeur technique, étant responsable du travail et de la conduite de ses apprentis, s'assure que les carnets d'atelier donnés aux élèves pour l'inscription de la *nature* du travail et du *temps employé à l'exécuter* sont régulièrement tenus, ainsi que les albums d'épreuves.

En ce qui concerne les travaux pouvant être utilisés au dehors, le professeur technique ne les entreprend qu'avec l'autorisation du Directeur ou, à son défaut, du Chef des travaux ; mais, pour les travaux qui doivent servir de sujets d'études, toute latitude lui est laissée sous sa responsabilité, en tant qu'il se conforme aux programmes adoptés.

Pour chaque groupe de *Circulus*, les professeurs résument, dans un entretien familier avec cette catégorie d'élèves, toutes les notions techniques qui sont de nature à les éclairer sur le choix de la profession à exercer. Ils remettent ensuite au Directeur un rapport sommaire sur les aptitudes des enfants qui viennent de terminer leur période d'instruction professionnelle.

Le dernier samedi de tous les mois, de 5 à 6 heures, les professeurs font une revue des outils de chaque élève et signalent ceux qui manquent. Ils rendent compte de cette visite au Chef des travaux par un court rapport écrit. Ils doivent aussi l'aviser des mesures qu'il convient de prendre pour éviter tout accident, et, à cet égard, ils ne mettent pas une machine en train sans que tous les garde-fous soient placés. Tous les soirs, ils font enfermer dans les tiroirs l'outillage volant, et, le samedi, ils font procéder au nettoyage du mobilier professionnel.

Des classements sont établis, dans tous les ateliers, en décembre, mars et juin, et les résultats remis au Chef des travaux.

En ce qui concerne les élèves de 4ᵉ année, les professeurs établissent au 5 juillet, dernier délai, le classement de sortie : 1° d'après l'ensemble des travaux de l'année scolaire ; 2° d'après la valeur d'un travail déterminé, sorte de concours de fin d'apprentissage.

SURVEILLANTS

La surveillance est une des conditions fondamentales de l'éducation. Sans être tyrannique, elle doit être permanente, de façon à donner à l'enfant de bonnes habitudes en lui évitant la pensée d'une foule d'écarts qui conduisent à des fautes plus ou moins graves et toujours regrettables.

Cette surveillance est assurée par des adjudants et des surveillants proprement dits.

Les surveillants se trouvent chaque matin dans la cour de récréation de l'École à l'heure réglementaire, afin de surveiller les élèves présents, soit en cour, soit au préau.

Ils prennent chez le garçon de bureau les cahiers de correspondance pour les remettre aux professeurs.

A 8 h. 25, ils font l'appel de leurs élèves et envoient, à 10 h. 30, la liste définitive des absents au Surveillant général.

Mouvements. — Les surveillants ne procèdent jamais à un mouvement avant l'heure prescrite par le règlement ; du reste, des sonneries régulières les avertissent pour chaque changement d'exercice.

Récréations. — Les surveillants établissent un roulement pour le service des récréations.

Deux seulement d'entre eux en sont chargés : ils veillent d'une façon générale à la bonne tenue des élèves (attitude, gestes, paroles), empêchent les chants, tout jeu brutal ou dangereux, répriment le gaspillage du pain, s'il y a lieu ; ils ne perdent pas de vue les cabinets d'aisances et font cesser à l'occasion les bousculades causées par le trop grand nombre d'élèves.

Études. — Pendant les heures d'étude, les surveillants doivent exiger que les élèves préparent leurs cours. Ils ne tolèrent, entre leurs mains, aucun ouvrage non classique, s'il n'est revêtu du visa du Directeur ou du Surveillant général. Même interdiction pour tous journaux et toutes gravures non revêtus de ce même visa.

Ateliers. — Pour le groupe d'ateliers dont la surveillance leur est confiée, les surveillants aident les professeurs dans la discipline générale et leur signalent les élèves qui resteraient inoccupés.

Ils remplacent tout professeur qui, pour un motif quelconque, a besoin de s'absenter.

Sorties. — Tous les jours, à 5 h. 50, au moment où une première sonnerie avertit le personnel de la fin des travaux journaliers, les surveillants obligent, s'il est besoin, les élèves à une rapide toilette; à la dernière sonnerie, 6 heures, ils font ranger les élèves, les accompagnent jusqu'à la rue et veillent à leur dispersion silencieuse et immédiate.

Livrets. — Les surveillants confectionnent les livrets de quinzaine.

Sanctions disciplinaires. — Le rôle des surveillants consistant surtout à empêcher par leur vigilance les infractions à la discipline de se produire, les punitions doivent être infligées aussi rarement que possible. Un rapport très bref est en tout cas nécessaire pour informer l'Administration d'une faute pour laquelle une simple punition serait insuffisante.

Les surveillants n'usent du renvoi d'étude ou d'atelier que si la présence d'un élève devient une cause de désordre pour ses camarades.

GARÇONS DE SERVICE

Le service des gagistes comprend : l'arrosage et le nettoyage des classes, des ateliers, des corridors, des escaliers, du préau, de l'amphithéâtre, des bureaux de l'Administration, de la cour de récréation et des allées du jardin, y compris les carreaux, les boutons des portes, murs et fenêtres, grille extérieure et portails, globes et réflecteurs de gaz ou d'électricité et tout le mobilier scolaire et professionnel.

Les gagistes sont à la disposition de l'Administration de l'École pour tout service à faire dans l'intérêt de l'établissement.

Ils assurent, au moyen d'un roulement à déterminer entre eux, le service de la permanence du dimanche; les jours fériés et les jours de congé sont considérés comme des dimanches. Il leur est tenu compte de ce supplément de présence, dans la durée de leurs vacances du mois d'août.

Le garçon de service attaché aux bureaux de l'Administration doit constamment porter la tenue réglementaire.

Les garçons de service ne peuvent s'absenter pendant les heures de travail qu'après en avoir obtenu l'autorisation de l'Agent comptable, qui, sauf recours au Directeur, s'il y a lieu, connaît des motifs justifiant cette absence.

Le garde-magasin, qui remplit également les fonctions de brigadier gagiste, rend compte, tous les matins, à l'Agent comptable, des observations auxquelles ont donné lieu les divers services de la veille.

Il les consigne sur un carnet spécial, qui doit être visé, chaque jour, par l'Agent comptable.

Aucun travail exécuté par les garçons de service dans la limite des jours et heures indiqués ci-dessus ne peut justifier des demandes d'allocations supplémentaires.

FEMMES EMPLOYÉES A LA CANTINE

Les femmes employées à la cantine préparent le repas chaud qui est servi aux élèves à midi, ainsi que le goûter.

Elles jouissent du bénéfice du déjeuner et de la collation.

La plus grande propreté, les soins les plus minutieux sont apportés par elles, tant dans la préparation des aliments que dans l'entretien de la batterie de cuisine et de la vaisselle.

IX

Commission de surveillance

Auprès du Directeur siège une Commission de surveillance et de perfectionnement, à laquelle sont soumis tous les faits intéressant le bon fonctionnement de l'École et toutes les combinaisons susceptibles d'y apporter de nouveaux progrès. Cette Commission est composée de conseillers municipaux et d'industriels du Livre nommés par le Conseil municipal, d'un membre désigné par le Ministre de l'Instruction publique et des Beaux-Arts et d'un membre désigné par le Ministre du Commerce et de l'Industrie.

La Direction de l'Enseignement primaire de la Seine est appelée à statuer définitivement sur toutes les affaires traitées par la Commission de surveillance.

Les attributions des Commissions de surveillance et de perfectionnement qui fonctionnent auprès des Écoles professionnelles ont été délimitées par les deux décrets ministériels du 18 mars et du 2 juillet 1888.

Les articles 13 et 21 du décret du 18 mars et les articles 16 et 18 du décret du 2 juillet stipulent notamment :

1° Que, pour tout emploi vacant dans le personnel technique, la Commission dresse une liste de trois candidats, parmi lesquels le Préfet exerce son choix ;

2° Que, pour chaque École professionnelle, la Commission dresse un programme spécial d'enseignement, qui devient exécutoire après avoir reçu l'approbation des deux Ministères compétents : celui de l'Instruction publique et des Beaux-Arts, et celui du Commerce et de l'Industrie ;

3° Que la Commission se réunit au moins deux fois par an, sur la convocation de son Président, qui peut aussi la convoquer extraordinairement;

4° Qu'elle délègue un ou plusieurs de ses membres pour s'assurer par des visites mensuelles de la bonne tenue de l'École:

5° Qu'elle prépare le budget de l'École de concert avec le Directeur:

6° Qu'elle en désigne le médecin;

7° Qu'elle entend la lecture des rapports du Directeur sur la situation morale et matérielle de l'établissement, qu'elle en délibère et adresse ensuite à l'Administration ses observations et ses propositions.

X

Visites de l'École — Excursions

De même que l'École a tout intérêt à faire connaître au dehors les résultats de son enseignement, elle doit de même se tenir au courant de tous les progrès qui s'accomplissent dans l'industrie du Livre, pour perfectionner sans cesse ses méthodes d'enseignement.

De là le double courant qui s'est établi depuis quelques années : d'une part, visites publiques ou privées faites à l'École Estienne par les personnes étrangères à l'établissement ; d'autre part, visites ou excursions faites en groupes par les élèves, sous la conduite de leurs professeurs, dans les principaux établissements industriels ou artistiques de Paris, de la province ou de l'étranger.

VISITES ET EXCURSIONS DES ÉLÈVES

Tous les ans, les douze premiers élèves de la promotion sortante prennent part à une excursion d'études qui dure de quatre à six jours. Parmi les principales villes dont l'élite de l'École a eu ainsi le rare privilège de visiter les imprimeries, les papeteries et les Musées, nous citerons Corbeil, Orléans, Tours, Nantes, Angoulême, La Rochelle, Reims, Nancy, Amiens, Rouen, Le Havre, Lille, Bruges, Anvers et Bruxelles.

En outre, depuis 1898, tous les élèves qui vont terminer leur apprentissage visitent périodiquement à Paris, à titre de complément d'enseignement et suivant leur profession, les grandes imprimeries typographiques, lithographiques ou en taille-douce, les fonderies de caractères les plus importantes, et les principaux ateliers de gravure, de dessin lithographique, de reliure et de photogravure.

Ils sont conduits également dans les Bibliothèques et les Musées, où ils peuvent admirer les collections bibliographiques ou d'art graphique que renferment ces établissements.

Il est rare que les chefs d'industrie refusent d'ouvrir les portes de leur maison aux élèves de l'École. C'est au contraire avec une parfaite bonne grâce qu'après avoir introduit les jeunes visiteurs, ils leur font donner ou leur donnent eux-mêmes des explications techniques aussi complètes que précises sur les travaux exécutés dans leurs ateliers.

VISITES DE L'ÉCOLE

Depuis le 1ᵉʳ janvier 1897, l'École est ouverte au public tous les premiers jeudis du mois, de 2 heures à 4 heures, août et septembre exceptés.

Les professeurs se mettent gracieusement à la disposition des visiteurs, pour toutes explications demandées par eux au cours de la visite.

En dehors des jours et heures fixés pour les visites publiques, l'établissement n'est accessible qu'aux personnes munies d'une autorisation délivrée par le Directeur de l'Enseignement, à la Préfecture de la Seine.

Un registre spécial est mis à la disposition des visiteurs de passage qui désirent consigner leurs observations ou impressions.

Les quelques lignes suivantes sont empruntées au carnet d'un visiteur, M. Léon Durassier, ingénieur civil, qui a visité l'École en 1894 :

PHYSIONOMIE DES ATELIERS

« Chacun des ateliers dans lesquels les élèves reçoivent l'enseignement technique a une physionomie très spéciale et que l'on aimerait à pouvoir bien rendre. Nous allons l'essayer en les passant successivement en revue.

« C'est l'atelier de composition typographique, avec ses élèves, à l'œil vif et aux doigts agiles, levant la lettre avec dextérité; mais sachant aussi composer avec élégance et même parfois avec art; arrivant à produire déjà, par un bon choix des caractères et la gracieuse disposition des vignettes, des œuvres dignes d'attention : que ce soient des menus, une carte d'invitation à un concert, un calendrier superbe ou l'agréable couverture de quelque morceau de musique.

« Ce sont les ateliers d'impression typographique, lithographique et en taille-douce, avec leurs presses à bras de puissance variée pour s'adapter aux forces physiques des enfants appelés à les manœuvrer ; avec leurs machines de divers systèmes et leurs minerves à pédale que tous apprennent à conduire, à entretenir et à réparer. Là tout le monde est preste et cependant attentionné. Le tirage doit être rapide ; mais la mise en train ou le report exigent beaucoup de soin.

« C'est la fonderie de caractères, avec sa machine donnant, en 7, trente mille caractères en dix heures, où les élèves apprennent successivement à fondre l'alliage, à faire la justification des matrices, à procéder à la fonte des lingots, des garnitures, des interlignes, à la coupe des espaces, etc.

« C'est la clicherie, la galvanoplastie, auxiliaires indispensables de la typographie, qui ne saurait satisfaire sans elles aux tirages énormes et rapides que demandent un *Petit Journal* ou un *Petit Parisien*. Toutes les ressources de ces procédés, jusques et y compris la reproduction de gravures sur cuivre, acier, etc., sont enseignées aux élèves, qui paraissent prendre beaucoup de plaisir à se les assimiler.

« Ce sont les ateliers de photogravure, où l'on montre aux jeunes gens les moyens mécaniques de reproduction des dessins fondés sur la photographie : la zincographie, la phototypie, etc., qui rendent aujourd'hui de si grands services à l'imprimeur typographe en lui permettant les tirages simultanés des illustrations et du texte.

« Ce sont les ateliers de lithographie : écriture, gravure et dessin lithographiques, chromolithographie, autographie ; de gravure sur bois, de gravure en taille-douce, de gravure en relief sur cuivre et sur acier, où de nombreux élèves exécutent des travaux bien faits pour séduire le visiteur.

« Rien de plus beau à contempler que les jeunes gens réunis dans ces six ateliers ; chacun devant sa pierre ou sa planche, avec son modèle admirablement choisi devant les yeux : les uns s'escrimant du crayon, les autres de la plume ou du burin, les autres du pinceau, d'autres enfin préparant des chromos ; mais tous avec une science du dessin qui témoigne hautement de la valeur de son enseignement, tant à l'École même que dans toutes celles de la Ville de Paris.

« Quel recueillement dans ces ateliers, que d'assiduité au travail chez tous ces jeunes gens, que de passion pour leur art ; et, quand on s'approche, quelle satisfaction de voir chez d'aussi jeunes enfants une telle connaissance du dessin et déjà autant de possession des procédés de leur art !

« Cet amour de l'art qui s'empare vite de tous les élèves de l'École, on le retrouve enfin aux ateliers de reliure et de dorure, où l'on enseigne aux jeunes relieurs et doreurs toute la science d'un Gruel, d'un Marius-Michel et d'un Engelmann. Mais aussi quels maîtres et quels éducateurs ! C'est bien un métier que les professeurs de l'École entendent enseigner à leurs élèves ; mais cependant quelle belle et bonne soif d'idéal ils leur donnent en même temps, et comme on se sent assuré que pas un d'eux ne se laissera saisir par la routine !

« Chacun sait faire la leçon magistrale dans laquelle les principes de l'art sont présentés à toute une classe à la fois ; chacun sait aussi assouplir et varier assez l'enseignement individuel donné aux élèves pour qu'il s'adapte à leurs aptitudes particulières et leur fasse porter tous les fruits dont elles sont capables.

« Par là s'explique la fécondité de cet enseignement vraiment remarquable, qui donne chaque année des sujets d'élite à cette belle industrie du Livre.

« Quels heureux résultats ne peut-on pas attendre de cela dans l'avenir ! »

ANNEXES DU CHAPITRE II

RÉPARTITION DES ÉLÈVES PAR DIVISIONS

Les élèves de l'École Estienne sont partagés en sept sections, qui correspondent à l'âge des élèves et à leurs années d'études ou au groupe technique auxquels ils appartiennent.

La 1re année comprend deux divisions, A et B.

La 2e année comprend également deux divisions, A et B.

La 3e et la 4e année forment trois divisions :

La division A comprend les graveurs, les lithographes et les doreurs de 3e et de 4e année ;

La division B comprend les compositeurs, les clicheurs, les photographes et les relieurs de 3e et de 4e année ;

La division C comprend les imprimeurs et les fondeurs de 3e et de 4e année.

Chaque division a son emploi du temps, son personnel de surveillance et ses cours distincts. Néanmoins, au réfectoire et dans la cour de récréation, tous les élèves se trouvent réunis.

Dans les divers ateliers, les apprentis de 1re, 2e, 3e et 4e année sont placés sous la direction du même professeur.

Les tableaux ci-annexés résument très exactement la distribution du temps pour chaque division.

EMPLOI DU TEMPS

Matin, 8 h. 25 . . . . Entrée des élèves.

Soir, 6 heures . . . . Sortie des élèves.

De 8 h. 30 à 10 h. 20 . . . . Classe ou étude.

10 h. 20 à 10 h. 30 . . . . Récréation.

10 h. 30 à midi . . . . Classe ou étude.

midi à midi et demi . . . . Déjeuner (1).

midi et demi à 1 heure . . . . Récréation.

1 heure à 3 h. 45 . . . . Atelier.

3 h. 45 à 4 heures . . . . Récréation.

4 heures à 6 heures . . . . Atelier.

Observations. — Les élèves de 3e et de 4e année travaillent aux ateliers pendant toute la matinée du vendredi et du samedi (8 h. 30 à 11 h. 45).

Les vendredis et samedis, la récréation dure jusqu'à 1 h. 15.

Les élèves de 1re année ont étude, chaque jour, de 1 heure à 2 heures.

CONGÉS ET VACANCES

En dehors des jours fériés, les congés et vacances ont été fixés jusqu'à présent comme suit : 2 janvier, mardi gras, mi-carême, la semaine de Pâques, 15 juillet et le mois d'août.

(1) Tous les élèves déjeunent à l'École.

HORAIRE GÉNÉRAL

ENSEIGNEMENT THÉORIQUE

Jours	Heures	1re année A	1re année B	2e année A	2e année B	3e année A	3e année B	3e année C	4e année A	4e année B	4e année C
Lundi	8½ à 9½	Hist. nal.	Étude	Étude		Composition décorative	Comptabilité		Perspective	Français	
	9½ à 10½	Étude	Composition décorative	Français	Géométrie	Dessin et Modelage	Sc. phys.	Étude	Dessin et Modelage	Sc. phys.	Étude
	10½ à 11½			Géométrie	Étude		Français	Mécanique		Étude	Mécanique
	11½ à 12	Étude		Étude			Étude			Étude	
	1 à 2										
Mardi	8½ à 9½	Étude	Français	Étude			Histoire de l'Art		Anatomie	Composition décorative	Gymnas.
	9½ à 10½	Gymnastique				Modelage	Sc. phys.	Français	Composition décorative	Sc. phys.	Étude
	10½ à 11½	Hist. et Géo.	Physique	Dessin et Modelage		Composition décorative	Gymnastique			Histoire du Livre	
	11½ à 12	Étude					Étude		Gymnas.		Étude
	1 à 2										
Mercredi	8½ à 9½	Arithmétique		Hist. nal.	Français	Gymnas.	Dessin et Modelage		Composition décorative	Dessin et Modelage	
	9½ à 10½	Physique	Hist. et Géo.	Géométrie	Gymnas.	Étude					
	10½ à 11½	Composition décorative	Gymnas.	Dessin et Modelage		Anatomie	Comptabilité			Histoire de l'art	
	11½ à 12						Étude			Étude	

Jeudi	8 ½ à 9 ½	Dessin et Modelage		Écriture	Hist. nat.
	9 ½ à 10 ½	Écriture	Hist. nat.	Gymnastique	
	10 ½ à 11 ½	Gymnas.	Écriture	Étude	Hist. et Géo.
	11 ½ à 12 / 1 à 2	Étude		Étude	
Vendredi	8 ½ à 9 ½	Français	Arith.	Sc. phys.	Composition décorative
	9 ½ à 10 ½	Arith.	Français	Composition décorative	Sc. phys.
	10 ½ à 11 ½	Chimie		Hist. et Géo.	Géométrie
	11 ½ à 12 / 1 h. ¼ à 2	Étude		Étude	
Samedi	8 ½ à 9 ½	Dessin et Modelage		Français	Écriture
	9 ½ à 10 ½			Étude	Français
	10 ½ à 11 ½	Français	Étude	Gymnas.	Étude
	11 ½ à 12 / 1 h. ¼ à 2	Étude		Étude	

Jeudi — colonnes de droite (Histoire du Livre) :

8 ½ à 9 ½	Dessin et Modelage	Étude	Dessin de machines	Composition décorative	Gymnas.	Français
9 ½ à 10 ½				Dessin et Modelage	Français	Dessin de machines
10 ½ à 11 ½		Composition décorative	Sc. phys.		Composition décorative	Sc. phys.

Cours théoriques spéciaux

Vendredi, de 10 h. 30 à 11 h. 30
Physique et chimie photographiques, aux élèves photographes de 1re et 2e année
Samedi, de 10 h. 30 à 11 h. 30
Physique et chimie photographiques, aux élèves photographes de 3e et 4e année

Lundi, de 1 heure à 1 h. 30
Lecture du grec, aux élèves compositeurs typographes de 2e année
Mercredi, de 1 heure à 2 heures
Grammaire typographique et lecture du grec, aux élèves compositeurs typographes de 3e année
Samedi, de 1 h. 15 à 2 h. 15
Grammaire typographique et lecture du grec, aux élèves compositeurs typographes de 4e année

ENSEIGNEMENT TECHNIQUE

Cours généraux

Tous les jours :
1re année, de 2 h. à 6 h.
2e, 3e, 4e année, de 1 h. à 6 h .....

Vendredi et samedi :
3e, 4e année, de 8 h. 30 à 11 h. 45

École de Typographie..(4 atel.)
— Lithographie..(4 atel.)
— Gravure......(4 atel.)
— Reliure.......(1 atel.)
— Dorure.......(1 atel.)
— Photographie.(1 atel.)

Cours spéciaux

Mardi, de 1 h. à 6 h., Marbrure............
Mercredi, de 1 h. à 6 h., Dorure sur tranches
Vendredi, de 1 h. 15 à 2 h. 30, Ciselure du cuir
} Élèves relieurs et doreurs

Mercredi, de 1 h. à 6 h...
Samedi, de 1 h. 15 à 6 h. } Autographie
} Élèves écrivains et graveurs lithographes

EMPLOI DU TEMPS — 1re année A

	FRANÇAIS	HISTOIRE ET GÉOGRAPHIE	ARITHMÉTIQUE ET GÉOMÉTRIE	SCIENCES PHYSIQUES ET NATURELLES	ÉCRITURE	DESSIN D'ORNEMENT	MODELAGE	COMPOSITION DÉCORATIVE	GYMNASTIQUE	ÉTUDE	DÉJEUNER	ET RÉCRÉATIONS	ATELIER
Lundi	1 à 2			$8\frac{1}{2}$ à $9\frac{1}{2}$						$9\frac{1}{2}$ à $10\frac{1}{2}$ $10\frac{1}{2}$ à 12	12 à $12\frac{1}{2}$	10.20 à $10\frac{1}{2}$ $12\frac{1}{2}$ à 1 $3\frac{3}{4}$ à 4	2 à 6
Mardi		$10\frac{1}{2}$ à $11\frac{1}{2}$							$9\frac{1}{2}$ à $10\frac{1}{2}$	$8\frac{1}{2}$ à $9\frac{1}{2}$ $11\frac{1}{2}$ à 12 1 à 2	do	do	2 à 6
Merc.			$8\frac{1}{2}$ à $9\frac{1}{2}$	$9\frac{1}{2}$ à $10\frac{1}{2}$				$10\frac{1}{2}$ à $11\frac{1}{2}$		$11\frac{1}{2}$ à 12 1 à 2	do	do	2 à 6
Jeudi					$9\frac{1}{2}$ à $10\frac{1}{2}$		$8\frac{1}{2}$ à $9\frac{1}{2}$		$10\frac{1}{2}$ à $11\frac{1}{2}$	$11\frac{1}{2}$ à 12 1 à 2	do	do	2 à 6
Vend.	$8\frac{1}{2}$ à $9\frac{1}{2}$		$9\frac{1}{2}$ à $10\frac{1}{2}$	$10\frac{1}{2}$ à $11\frac{1}{2}$						$11\frac{1}{2}$ à 12 $1\frac{1}{4}$ à 2	do	10.20 à $10\frac{1}{2}$ $12\frac{1}{2}$ à $1\frac{1}{4}$ $3\frac{3}{4}$ à 4	2 à 6
Sam.						$8\frac{1}{2}$ à $10\frac{1}{2}$				$10\frac{1}{2}$ à 12 $1\frac{1}{4}$ à 2	do	do	2 à 6
TOTAL PAR SEMAINE	2	1	2	3	1	3		1	2	$11\frac{1}{2}$	3	6	24

EMPLOI DU TEMPS — 1re année B

	FRANÇAIS	HISTOIRE ET GÉOGRAPHIE	ARITHMÉTIQUE ET GÉOMÉTRIE	SCIENCES PHYSIQUES ET NATURELLES	ÉCRITURE	DESSIN D'ORNEMENT	MODELAGE	COMPOSITION DÉCORATIVE	GYMNASTIQUE	ÉTUDE	DÉJEUNER	ET RÉCRÉATIONS	ATELIER
Lundi								$9\frac{1}{2}$ à $10\frac{1}{2}$		$8\frac{1}{2}$ à $9\frac{1}{2}$ $10\frac{1}{2}$ à 12 1 à 2	12 à $12\frac{1}{2}$	10.20à$10\frac{1}{2}$ $12\frac{1}{2}$ à 1 $3\frac{3}{4}$ à 4	2 à 6
Mardi	$8\frac{1}{2}$ à $9\frac{1}{2}$			$10\frac{1}{2}$ à $11\frac{1}{2}$					$9\frac{1}{2}$ à $10\frac{1}{2}$	$11\frac{1}{2}$ à 12 1 à 2	d°	d°	2 à 6
Merc.		$9\frac{1}{2}$ à $10\frac{1}{2}$	$8\frac{1}{2}$ à $9\frac{1}{2}$						$10\frac{1}{2}$ à $11\frac{1}{2}$	$11\frac{1}{2}$ à 12 1 à 2	d°	d°	2 à 6
Jeudi				$9\frac{1}{2}$ à $10\frac{1}{2}$	$10\frac{1}{2}$ à $11\frac{1}{2}$	$8\frac{1}{2}$ a $9\frac{1}{2}$				$11\frac{1}{2}$ à 12 1 à 2	d°	d°	2 à 6
Vend.	$9\frac{1}{2}$ à $10\frac{1}{2}$		$8\frac{1}{2}$ à $9\frac{1}{2}$	$10\frac{1}{2}$ à $11\frac{1}{2}$						$11\frac{1}{2}$ à 12 $1\frac{1}{4}$ à 2	d°	10.20à$10\frac{1}{2}$ $12\frac{1}{2}$ à $1\frac{1}{4}$ $3\frac{3}{4}$ à 4	2 à 6
Sam.							$8\frac{1}{2}$ à $10\frac{1}{2}$			$10\frac{1}{2}$ à 12 $1\frac{1}{4}$ à 2	d°	d°	2 à 6
TOTAL PAR SEMAINE	2	1	2	3	1	3		1	2	$11\frac{1}{2}$	3	6	24

EMPLOI DU TEMPS — 2ᵉ A

	FRANÇAIS	HISTOIRE ET GÉOGRAPHIE	MATHÉMATIQUES	SCIENCES PHYSIQUES ET NATURELLES	ÉCRITURE	DESSIN D'ORNEMENT	MODELAGE	COMPOSITION DÉCORATIVE	GYMNASTIQUE	ÉTUDE	DÉJEUNER	RÉCRÉATIONS	ATELIER
Lundi	$9\frac{1}{2}$ à $10\frac{1}{2}$		$10\frac{1}{2}$ à $11\frac{1}{2}$							$8\frac{1}{2}$ à $9\frac{1}{2}$ $11\frac{1}{2}$ à 12	12 à $12\frac{1}{2}$	10.20 à $10\frac{1}{2}$ $12\frac{1}{2}$ à 1 $3\frac{3}{4}$ à 4	1 à 6
Mardi						$10\frac{1}{2}$ à 12				$8\frac{1}{2}$ à $10\frac{1}{2}$	dº	dº	1 à 6
Merc.			$9\frac{1}{2}$ à $10\frac{1}{2}$	$8\frac{1}{2}$ à $9\frac{1}{2}$			$10\frac{1}{2}$ à 12				dº	dº	1 à 6
Jeudi					$8\frac{1}{2}$ à $9\frac{1}{2}$				$9\frac{1}{2}$ à $10\frac{1}{2}$	$10\frac{1}{2}$ à 12	dº	dº	1 à 6
Vend.		$10\frac{1}{2}$ à $11\frac{1}{2}$		$8\frac{1}{2}$ à $9\frac{1}{2}$					$9\frac{1}{2}$ à $10\frac{1}{2}$	$11\frac{1}{2}$ à 12	dº	10.20 à $10\frac{1}{2}$ $12\frac{1}{2}$ à $1\frac{1}{4}$ $3\frac{3}{4}$ à 4	$1\frac{1}{4}$ à 6
Sam.	$8\frac{1}{2}$ à $9\frac{1}{2}$							$10\frac{1}{2}$ à $11\frac{1}{2}$		$9\frac{1}{2}$ à $10\frac{1}{2}$ $11\frac{1}{2}$ à 12	dº	dº	$1\frac{1}{4}$ à 6
TOTAL PAR SEMAINE	2	1	2	2	1	3		1	2	7	3	6	$29\frac{1}{2}$

EMPLOI DU TEMPS — 2ᵉ B

	FRANÇAIS	HISTOIRE ET GÉOGRAPHIE	MATHÉMATIQUES	SCIENCES PHYSIQUES ET NATURELLES	ÉCRITURE	DESSIN D'ORNEMENT	MODELAGE	COMPOSITION DÉCORATIVE	GYMNASTIQUE	ÉTUDE	DÉJEUNER	ET RÉCRÉATIONS	ATELIER
Lundi	......	......	$9\frac{1}{2}$ à $10\frac{1}{2}$	......						$\left\{\begin{array}{l}8\frac{1}{2} \text{ à } 9\frac{1}{2}\\ 10\frac{1}{2} \text{ à } 12\end{array}\right.$	12 à $12\frac{1}{2}$	$\left\{\begin{array}{l}10.20 \text{ à } 10\frac{1}{2}\\ 12\frac{1}{2} \text{ à } 1\\ 3\frac{3}{4} \text{ à } 4\end{array}\right.$	1 à 6
Mardi	......						$10\frac{1}{2}$ à 12	......		$8\frac{1}{2}$ à $10\frac{1}{2}$	d°	d°	1 à 6
Merc.	$8\frac{1}{2}$ à $9\frac{1}{2}$	......				$10\frac{1}{2}$ à 12		......	$9\frac{1}{2}$ à $10\frac{1}{2}$		d°	d°	1 à 6
Jeudi	......	$10\frac{1}{2}$ à $11\frac{1}{2}$		$8\frac{1}{2}$ à $9\frac{1}{2}$					$9\frac{1}{2}$ à $10\frac{1}{2}$	$11\frac{1}{2}$ à 12	d°	d°	1 à 6
Vend.	......		$10\frac{1}{2}$ à $11\frac{1}{2}$	$9\frac{1}{2}$ à $10\frac{1}{2}$				$8\frac{1}{2}$ à $9\frac{1}{2}$	......	$11\frac{1}{2}$ à 12	d°	$\left\{\begin{array}{l}10.20 \text{ à } 10\frac{1}{2}\\ 12\frac{1}{2} \text{ à } 1\frac{1}{4}\\ 3\frac{3}{4} \text{ à } 4\end{array}\right.$	$1\frac{1}{4}$ à 6
Sam.	$9\frac{1}{2}$ à $10\frac{1}{2}$	......			$8\frac{1}{2}$ à $9\frac{1}{2}$	......				$10\frac{1}{2}$ à 12	d°	d°	$1\frac{1}{4}$ à 6
TOTAL PAR SEMAINE	2	1	2	2	1	3		1	2	7	3	6	$29\frac{1}{2}$

EMPLOI DU TEMPS — 3e A (LITHOGRAPHES, GRAVEURS, DOREURS)

	HISTOIRE DE L'ART ET DU LIVRE	ANATOMIE	DESSIN D'ORNEMENT	PERSPECTIVE	MODELAGE	COMPOSITION DÉCORATIVE	GYMNASTIQUE	ÉTUDE	DÉJEUNER	ET RÉCRÉATIONS	ATELIER
Lundi			$9\frac{1}{2}$ à 12			$8\frac{1}{2}$ à $9\frac{1}{2}$			12 à $12\frac{1}{2}$	10.20 à $10\frac{1}{2}$ $12\frac{1}{2}$ à 1 $3\frac{3}{4}$ à 4	1 à 6
Mardi	$8\frac{1}{2}$ à $9\frac{1}{2}$				$9\frac{1}{2}$ à $10\frac{1}{2}$	$10\frac{1}{2}$ à 12			do	do	1 à 6
Mercredi		$10\frac{1}{2}$ à $11\frac{1}{2}$					$8\frac{1}{2}$ à $9\frac{1}{2}$	$9\frac{1}{2}$ à $10\frac{1}{2}$ $11\frac{1}{2}$ à 12	do	do	1 à 6
Jeudi	$8\frac{1}{2}$ à $9\frac{1}{2}$				$9\frac{1}{2}$ à 12				do	do	1 à 6
Vendredi									do	$11\frac{3}{4}$ à 12 $12\frac{1}{2}$ à $1\frac{1}{4}$ $3\frac{3}{4}$ à 4	$8\frac{1}{2}$ à $11\frac{3}{4}$ $1\frac{1}{4}$ à 6
Samedi									do	do	do
TOTAL PAR SEMAINE...	2	1	$2\frac{1}{2}$	»	$3\frac{1}{2}$	$2\frac{1}{2}$	1	$1\frac{1}{2}$	3	6.10	36

EMPLOI DU TEMPS — 3e B (COMPOSITEURS, CLICHEURS, PHOTOGRAPHES, RELIEURS)

	FRANÇAIS	HISTOIRE DE L'ART ET DU LIVRE	COMPTABILITÉ	SCIENCES PHYSIQUES	DESSIN D'ORNEMENT	MODELAGE	COMPOSITION DÉCORATIVE	GYMNASTIQUE	ÉTUDE	DÉJEUNER	ET RÉCRÉATIONS	ATELIER
Lundi	$10\frac{1}{2}$ à $11\frac{1}{2}$		$8\frac{1}{2}$ à $9\frac{1}{2}$	$9\frac{1}{2}$ à $10\frac{1}{2}$					$11\frac{1}{2}$ à 12	12 à $12\frac{1}{2}$	$\begin{cases} 10.20 \text{ à } 10\frac{1}{2} \\ 12\frac{1}{2} \text{ à } 1 \\ 3\frac{3}{4} \text{ à } 4 \end{cases}$	1 à 6
Mardi		$8\frac{1}{2}$ à $9\frac{1}{2}$		$9\frac{1}{2}$ à $10\frac{1}{2}$				$10\frac{1}{2}$ à $11\frac{1}{2}$		do	do	1 à 6
Mercredi		do	$10\frac{1}{2}$ à $11\frac{1}{2}$		$8\frac{1}{2}$ à $9\frac{1}{2}$	$9\frac{1}{2}$ à $10\frac{1}{2}$			$11\frac{1}{2}$ à 12	do	do	1 à 6
Jeudi		$8\frac{1}{2}$ à $9\frac{1}{2}$					$10\frac{1}{2}$ à 12		$9\frac{1}{2}$ à $10\frac{1}{2}$	do	do	1 à 6
Vendredi										do	$\begin{cases} 11\frac{3}{4} \text{ à } 12 \\ 12\frac{1}{2} \text{ à } 1\frac{1}{4} \\ 3\frac{3}{4} \text{ à } 4 \end{cases}$	$\begin{cases} 8\frac{1}{2} \text{ à } 11\frac{3}{4} \\ 1\frac{1}{4} \text{ à } 6 \end{cases}$
Samedi										do	do	do
TOTAL PAR SEMAINE	1	2	2	2	1	1	$1\frac{1}{2}$	1	2	3	6.10	36

EMPLOI DU TEMPS — 3ᵉ C (FONDEURS, IMPRIMEURS TYPOGRAPHES, LITHOGRAPHES ET EN TAILLE-DOUCE)

	FRANÇAIS	HISTOIRE DE L'ART ET DU LIVRE	COMPTABILITÉ	SCIENCES PHYSIQUES	MÉCANIQUE	DESSIN D'ORNEMENT	MODELAGE	DESSIN DE MACHINES	GYMNASTIQUE	ÉTUDE	DÉJEUNER	ET RÉCRÉATIONS	ATELIER
Lundi			$8\frac{1}{2}$ à $9\frac{1}{2}$	$10\frac{1}{2}$ à $11\frac{1}{2}$						$\{9\frac{1}{2}$ à $10\frac{1}{2}$; $11\frac{1}{2}$ à $12\}$	12 à $12\frac{1}{2}$	$\{10.20$ à $10\frac{1}{2}$; $12\frac{1}{2}$ à 1 ; $3\frac{3}{4}$ à $4\}$	1 à 6
Mardi	$9\frac{1}{2}$ à $10\frac{1}{2}$	$8\frac{1}{2}$ à $9\frac{1}{2}$							$10\frac{1}{2}$ à $11\frac{1}{2}$		d°	d°	1 à 6
Merc.			$10\frac{1}{2}$ à $11\frac{1}{2}$			$8\frac{1}{2}$ à $9\frac{1}{2}$	$9\frac{1}{2}$ à $10\frac{1}{2}$			$11\frac{1}{2}$ à 12	d°	d	1 à 6
Jeudi		$8\frac{1}{2}$ à $9\frac{1}{2}$			$10\frac{1}{2}$ à 12			$9\frac{1}{2}$ à $10\frac{1}{2}$			d°	d°	1 à 6
Vend.											d°	$\{11.45$ à 12 ; $12\frac{1}{2}$ à $1\frac{1}{4}$; $3\frac{3}{4}$ à $4\}$	$\{8\frac{1}{2}$ à $11\frac{3}{4}$; $1\frac{1}{4}$ à $6\}$
Sam.											d°	d°	d°
TOTAL PAR SEMAINE	1	2	2	1	$1\frac{1}{2}$	1	1	1	1	2	3	6. 10	36

EMPLOI DU TEMPS — 4ᶜ A (LITHOGRAPHES, GRAVEURS, DOREURS)

	HISTOIRE DE L'ART ET DU LIVRE	ANATOMIE	DESSIN D'ORNEMENT	PERSPECTIVE	MODELAGE	COMPOSITION DÉCORATIVE	GYMNASTIQUE	ÉTUDE	DÉJEUNER ET RÉCRÉATIONS		ATELIER
									DÉJEUNER	RÉCRÉATIONS	
Lundi			$9\frac{1}{2}$ à 12	$8\frac{1}{2}$ à $9\frac{1}{2}$					12 à $12\frac{1}{2}$	10.20 à $10\frac{1}{2}$ $12\frac{1}{2}$ à 1 $3\frac{3}{4}$ à 4	1 à 6
Mardi	$10\frac{1}{2}$ à $11\frac{1}{2}$	$8\frac{1}{2}$ à $9\frac{1}{2}$				$9\frac{1}{2}$ à $10\frac{1}{2}$	$11\frac{1}{2}$ à 12	$11\frac{1}{2}$ à 12	d°	d°	1 à 6
Mercredi	$10\frac{1}{2}$ à $11\frac{1}{2}$					$8\frac{1}{2}$ à $10\frac{1}{2}$			d°	d°	1 à 6
Jeudi					$9\frac{1}{2}$ à 12	$8\frac{1}{2}$ à $9\frac{1}{2}$			d°	d°	1 à 6
Vendredi									d°	$11\frac{3}{4}$ à 12 $12\frac{1}{2}$ à $1\frac{1}{4}$ $3\frac{3}{4}$ à 4	$8\frac{1}{2}$ à $11\frac{3}{4}$ $1\frac{1}{4}$ à 6
Samedi									d°	d°	d°
TOTAL PAR SEMAINE...	2	1	$2\frac{1}{2}$	1	$2\frac{1}{2}$	4	$\frac{1}{2}$	$\frac{1}{2}$	3	6.10	36

EMPLOI DU TEMPS — 4ᵉ B (COMPOSITEURS, CLICHEURS, PHOTOGRAPHES, RELIEURS)

	FRANÇAIS	HISTOIRE DE L'ART ET DU LIVRE	SCIENCES PHYSIQUES	DESSIN D'ORNEMENT	MODELAGE	COMPOSITION DÉCORATIVE	GYMNASTIQUE	ÉTUDE	DÉJEUNER	ET RÉCRÉATIONS	ATELIER
Lundi..........	$8\frac{1}{2}$ à $9\frac{1}{2}$		$9\frac{1}{2}$ à $10\frac{1}{2}$					$10\frac{1}{2}$ à 12	12 à $12\frac{1}{2}$	$\begin{cases} 10.20\,\text{à}\,10\frac{1}{2} \\ 12\frac{1}{2}\,\text{à}\,1 \\ 3\frac{3}{4}\,\text{à}\,4 \end{cases}$	1 à 6
Mardi..........		$10\frac{1}{2}$ à $11\frac{1}{2}$	$9\frac{1}{2}$ à $10\frac{1}{2}$			$8\frac{1}{2}$ à $9\frac{1}{2}$		$11\frac{1}{2}$ à 12	dᵒ	dᵒ	1 à 6
Mercredi..........		$10\frac{1}{2}$ à $11\frac{1}{2}$		$8\frac{1}{2}$ à $9\frac{1}{2}$	$9\frac{1}{2}$ à $10\frac{1}{2}$			$11\frac{1}{2}$ à 12	dᵒ	dᵒ	1 à 6
Jeudi..........	$9\frac{1}{2}$ à $10\frac{1}{2}$					$10\frac{1}{2}$ à 12	$8\frac{1}{2}$ à $9\frac{1}{2}$		dᵒ	dᵒ	1 à 6
Vendredi..........									dᵒ	$\begin{cases} 11\frac{3}{4}\,\text{à}\,12 \\ 12\frac{1}{2}\,\text{à}\,1\frac{1}{4} \\ 3\frac{3}{4}\,\text{à}\,4 \end{cases}$	$\begin{cases} 8\frac{1}{2}\,\text{à}\,11\frac{3}{4} \\ 1\frac{1}{4}\,\text{à}\,6 \end{cases}$
Samedi..........									dᵒ	dᵒ	dᵒ
TOTAL PAR SEMAINE...	2	2	2	2		$2\frac{1}{2}$	1	$2\frac{1}{2}$	3	6.10	36

EMPLOI DU TEMPS — 4ᵉ C (FONDEURS, IMPRIMEURS TYPOGRAPHES, LITHOGRAPHES ET EN TAILLE-DOUCE)

	FRANÇAIS	HISTOIRE DE L'ART ET DU LIVRE	SCIENCES PHYSIQUES	MÉCANIQUE	DESSIN D'ORNEMENT	MODELAGE	DESSIN DE MACHINES	GYMNASTIQUE	ÉTUDE	DÉJEUNER	ET RÉCRÉATIONS	ATELIER
Lundi	$8\frac{1}{2}$ à $9\frac{1}{2}$		$10\frac{1}{2}$ à $11\frac{1}{2}$						$9\frac{1}{2}$ à $10\frac{1}{2}$ $11\frac{1}{2}$ à 12	12 à $12\frac{1}{2}$	10.20 à $10\frac{1}{2}$ $12\frac{1}{2}$ à 1 $3\frac{3}{4}$ à 4	1 à 6
Mardi		$10\frac{1}{2}$ à $11\frac{1}{2}$						$8\frac{1}{2}$ à $9\frac{1}{2}$	$9\frac{1}{2}$ à $10\frac{1}{2}$ $11\frac{1}{2}$ à 12	d⁰	d⁰	1 à 6
Mercredi		$10\frac{1}{2}$ à $11\frac{1}{2}$			$9\frac{1}{2}$ à $10\frac{1}{2}$	$8\frac{1}{2}$ à $9\frac{1}{2}$			$11\frac{1}{2}$ à 12	d⁰	d⁰	1 à 6
Jeudi	$8\frac{1}{2}$ à $9\frac{1}{2}$			$10\frac{1}{2}$ à 12			$9\frac{1}{2}$ à $10\frac{1}{2}$			d⁰	d⁰	1 à 6
Vendredi										d⁰	$11\frac{3}{4}$ à 12 $12\frac{1}{2}$ à $1\frac{1}{4}$ $3\frac{3}{4}$ à 4	$8\frac{1}{2}$ à $11\frac{3}{4}$ $1\frac{1}{4}$ à 6
Samedi										d⁰	d⁰	d⁰
TOTAL PAR SEMAINE	2	2	1	$1\frac{1}{2}$	2		1	1	$3\frac{1}{2}$	3	6.10	36

LISTE DES MEMBRES DE LA COMMISSION DE SURVEILLANCE ET DE PERFECTIONNEMENT

MM.
Lampué, *président*, conseiller municipal.
Alfred Moreau, *vice-président*, conseiller municipal.
Angelé, délégué de la Chambre syndicale typographique.
Breuillé, conseiller municipal.
Colly, conseiller municipal.
Davanne, O. ✳, président du Conseil d'administration de la Société française de photographie.
Duchêne, délégué de la Fédération lithographique.
Engelmann, industriel.
Gay, conseiller municipal.
Guéret, industriel.
Hénaffe, conseiller municipal.

MM.
Leroux, I. ◉, délégué du Ministre de l'Instruction publique.
Liébault, O. ✳, délégué du Ministre du Commerce et de l'Industrie.
Marius-Michel, industriel.
Mossot, conseiller municipal.
Neurdein, industriel.
Pannelier, conseiller municipal.
Paris (Félicien), conseiller municipal.
Quentin-Bauchart, conseiller municipal.
Ranson, conseiller municipal.
Rousselle, conseiller municipal.
Wittmann, industriel.

Fontaine, I. ◉, directeur de l'École, *secrétaire*.

LISTE DU PERSONNEL DE L'ÉCOLE ESTIENNE

DIRECTION ET ADMINISTRATION

MM.
Fontaine, I. ◉, directeur.
Vidaillet, surveillant général.
Brunet, agent comptable.
Artru, chef des travaux.

MM.
Duval, commis aux écritures.
Jahan, garde-magasin.
Docteur Clauzel-Vialard, médecin inspecteur.

PROFESSEURS THÉORIQUES

Cury, mathématiques et comptabilité.
Decour, français, histoire et géographie.
Deschamps, modelage.
Desnoyers, I. ◉, calligraphie.
Féry, photographie.

Guetté, gymnastique.
Lequatre, histoire de l'Art et du Livre.
Reufflet, ◉, sciences phys. et natur.
Sulpis (prix de Rome), dessin à vue.
Totain, I. ◉, composition décorative.

PROFESSEURS TECHNIQUES

Badée, reliure.
Breton, ◉, composition typographique.
Daussy, gravure sur acier.
Degraine, pointeur lithographe.
Détret, fonderie.
Dubouchet (prix de Rome), grav. en t.-d.
Dubouchet fils, ciselure du cuir.
Dupuy, gravure sur pierre.
Godefroy, dorure sur cuir.
Landry, marbrure.
Laroche, photographie.
Main, écriture lithographique.

Mauler, ◉, dessin lithographique.
Michaud, photocollographie.
Pannemaker, ✳, gravure sur bois.
Pélicier, dorure sur tranches.
Place, correction typographique.
Plurdau, ✤, impression lithographique.
Rathmacher, impression en taille-douce.
Renaud, autographie.
Résener (de), photogravure.
Roger (Ernest), clicherie, galvanoplastie.
Schott, impression typographique.
Vacher, papeterie.

PROFESSEURS DES COURS DU SOIR

Guernier, ◉, composition typographique.
Masson, ✤, impression typographique.
Plurdau, ✤, impression lithographique.
Roger (Léon), ◉, clicherie.

Wynants, reliure.
Cronier, graineur.
Trinckwel, aide-relieur.

SURVEILLANTS

MM. Dufresne, ✤. Lévec, ✤ ✤ ✤ ✤, Loubatier, Malvoisin, Passard.

PERSONNEL DE L'ÉCOLE

LISTE DES ÉTABLISSEMENTS INDUSTRIELS OU ARTISTIQUES

QUI ONT ÉTÉ VISITÉS EN GROUPES PAR LES ÉLÈVES DEPUIS L'ORIGINE DE L'ÉCOLE

Plusieurs des établissements de Paris sont visités annuellement.
Plusieurs des établissements de province et de l'étranger ont été visités deux fois.

1° PARIS ET BANLIEUE

Musée du Louvre (chalcographie et sculpture).
Musée du Trocadéro (sculpture comparée).
Manufacture de Sèvres. — Musée Guimet.
Bibliothèque et Imprimerie Nationales.
Les Salons annuels (gravure, lithographie et reliure).
Les imprimeries typographiques, lithographiques et en taille-douce Chaix, Paul Dupont (Clichy), Motteroz, Champenois, Mouillot (Vanves), Buttner-Thierry, Arts et Manufactures, Girard et fils, Wittmann.
Les établissements de reliure et de dorure Gruel, Engel, Magnier, Marius-Michel.
Les maisons de gravure et de photogravure Devambez, V. Aubert, Berthaud frères.
Les fonderies de caractères Tuleu (Deberny), Renault.

2° PROVINCE

Les établissements suivants ont été visités, ainsi que la ville, ses monuments, Bibliothèques, Musées, etc.

Corbeil. — Imprimerie Crété. — Papeteries Darblay (Essonne et Corbeil).
Orléans. — Imprimerie Orléanaise.
Blois et les environs. — Châteaux de la Loire.
Tours. — Imprimerie Mame.
Châtellerault. — Papeterie.
Chartres. — Imprimeries Garnier et Durand.
Le Mans. — Imprimerie Monnoyer.
Angers. — Imprimeries Lachèze et Burdin.
Amiens. — Imprimerie du *Progrès de la Somme*.
Arras. — Imprimerie du *Journal de l'avenir*.
Lille. — Imprimeries Danel et Goossens. — Cours professionnels de typographie.
Dunkerque. — Imprimeries Braumet et Michel.
Reims. — Imprimerie de l'*Indépendant rémois*.
Châlons-sur-Marne. — Imprimerie Martin frères. — École des Arts et Métiers.
Nancy. — Imprimerie Berger-Levrault. — Établissement phototypique Royer.
Angoulême. — Papeteries Laroche-Joubert.
La Rochelle. — Imprimerie Foucher. — Imprimerie Nouvelle.
Anvers, Bruges, Gand. — Musée Plantin (typographie) et autres Musées.
Bruxelles. — Fonderie de caractères Vanderboght. — Musée royal. — Imprimeries de *la Cote Libre*, du *Petit Bleu*, du *Messager de Bruxelles*. — École typographique.

QUELQUES VISITEURS DE L'ÉCOLE

Docteur FERDINAND VON STEINBEIS, de Leipzig, fondateur des Écoles professionnelles de Wurtemberg.
JOAO-HILARIO PINTO D'ALMEIDA, directeur de l'École industrielle d'Alcantara.

Léon Vidal, professeur à l'École nationale des arts décoratifs.

Louvrier de Lajolais, directeur de l'École des arts décoratifs.

Champenois, Engelmann, Parrot, délégués de la Chambre syndicale des imprimeurs lithographes.

Gauthier-Villars, imprimeur.

G. Renault, fondeur.

Ch. Tuleu, fondeur.

W.-C. Grasby, d'Adélaïde (Australie).

Joseph Prunell, de Philadelphie.

P. Emmerich, professeur à l'École typographique de Leipzig.

Emile Sœrensen, professeur à l'École du Livre de Copenhague.

Brazil Silvado, de Rio-de-Janeiro, en mission du Gouvernement brésilien.

Wilhelm Exner, directeur du Musée technologique de Vienne (Autriche).

Alexandre Zaimy, ancien ministre, à Athènes.

Woldemar Rossochine, ingénieur du Ministère de l'Instruction publique, à Saint-Pétersbourg.

Docteur Gustaf Retzius, de Stockholm, membre correspondant de l'Institut.

Adolphe Tieche Frei, inspecteur fédéral des Écoles professionnelles, à Berne.

Camille Fittler, conservateur au Musée des arts industriels, à Budapest.

Ivan Oseroff, professeur à l'Université de Moscou.

G.-L. Bruce, membre du School Board, à Londres.

C.-M. Sombart, de Magdebourg, membre du Conseil municipal en mission.

J. Roucavichnicoff, conseiller d'État, à Moscou.

Paul Claessens, directeur de l'École professionnelle de reliure-dorure, à Bruxelles.

C.-C. Rands, directeur de l'École normale de New-York.

Punjer, directeur d'école, à Altona.

Basile Kuljinko, délégué de la ville de Kew (Russie).

Armand Puech, inspecteur de l'enseignement industriel, à Mazamet (Tarn).

Georges Leloup, président de la Chambre syndicale typographique de Lille.

Rev. Herbert W. Stebbins, de Boston (États-Unis d'Amérique).

R. Inderlutz, délégué du Département de l'Agriculture et du Commerce du canton de Vaud (Suisse).

Paul Marcerou, membre de la Société impériale d'encouragement des arts, à Saint-Pétersbourg.

Ch. Tsiroul, professeur de travail manuel à l'École normale supérieure de Saint-Pétersbourg.

William Lewis, officier de l'Université de Galles.

Van Wyngaert, directeur de l'Académie des beaux-arts et de l'École industrielle d'Arlon.

Henri Charles-Lavauzelle, imprimeur-libraire.

E.-W. George, École normale de Borough Road (Londres).

Robertad, d'Édimbourg.

Léon Durassier, ingénieur civil des mines.

Lanier, imprimeur.

Alfredo di Cardoux, directeur de la fabrication des timbres-poste, à Lisbonne.

Eugène Charavay, directeur du journal *l'Imprimerie*.

Félix Régamey, peintre littérateur.

Armez, député des Côtes-du-Nord.

Ch. Blanc, publiciste.

CHAPITRE III

PROGRAMMES D'ENSEIGNEMENT

AMPHITHÉÂTRE

COURS THÉORIQUES

LANGUE FRANÇAISE

1re ANNÉE

1er TRIMESTRE. — Notions générales de lexicologie et de syntaxe : le nom, l'article, l'adjectif.

Analyses grammaticales orales de chacune de ces espèces de mots. — Analyses logiques. — Dictées d'application : exemples choisis dans l'histoire des diverses industries du Livre.

2e TRIMESTRE. — Notions générales de lexicologie et de syntaxe : le pronom, le verbe, le participe.

Analyses et dictées comme pendant le premier trimestre.

3e TRIMESTRE. — Notions générales de lexicologie et de syntaxe : les mots invariables. — Signes orthographiques : ponctuation. accentuation, etc.

Exercices au tableau et application des règles précédentes : choix d'exemples dans l'histoire des diverses spécialités du Livre.

Pendant les trois trimestres, explication littéraire et récitation de textes choisis (prose et poésie) et premiers exercices oraux de composition française.

2ᵉ ANNÉE

1ᵉʳ TRIMESTRE. — Origine et formation des mots. — Affixes. — Étude des suffixes et des préfixes. — Racines.

Exercices divers au tableau. — Orthographe technique.

2ᵉ TRIMESTRE. — Signification des mots : sens propre, sens dérivé, figures de mots, synonymes.

Familles de mots : exercices oraux et écrits. — Résumés de morceaux choisis de littérature.

3ᵉ TRIMESTRE. — Exercices sur les difficultés de la langue française.

Notions générales de style et de composition littéraire. — Courts exercices d'application.

Pendant les trois trimestres, explication et récitation de textes choisis (prose et poésie). Revision des principales règles de grammaire : dictées de phrases détachées, et dictées dont le texte sera choisi dans l'histoire des principaux artistes des diverses spécialités du Livre.

Lecture du grec pour les compositeurs typographes.

3ᵉ ANNÉE (Sections B et C)

Revision des notions générales de style et de composition littéraire données en 2ᵉ année, suivie de notions sur les différents genres de composition littéraire : la narration, la description, la lettre, le rapport. Exercices d'application.

Résumé de l'histoire littéraire de la France depuis les origines jusqu'au XVIᵉ siècle inclusivement. — Lectures littéraires expliquées.

Pendant les trois trimestres, dictées dont le texte sera emprunté de préférence à l'histoire de quelques spécialistes des industries du Livre, principalement pour les typographes.

Grammaire typographique, lecture du grec et lecture de manuscrits exclusivement pour les compositeurs typographes.

4ᵉ ANNÉE (Sections B et C)

Rédaction des différentes sortes de lettres et en particulier de celles que peuvent échanger entre eux patrons et ouvriers, commerçants et clients, etc.

Rédaction d'un rapport, d'un compte rendu, d'une note d'expédition de marchandises, etc.

Étude des principaux écrivains français des XVIIᵉ, XVIIIᵉ et XIXᵉ siècles. Lectures expliquées des meilleures pages de ces auteurs.

Pendant les trois trimestres, dictées.

Grammaire typographique, lecture du grec et lecture de manuscrits pour les compositeurs typographes.

HISTOIRE ET GÉOGRAPHIE

1re ANNÉE

HISTOIRE GÉNÉRALE

1er TRIMESTRE. — L'Égypte. — Les Sémites : Assyriens, Phéniciens, Juifs. — Aryens : Mèdes et Perses.

L'Inde. — La Chine et les Mongols.

La Grèce : son histoire, ses grands hommes, ses monuments, sa mythologie.

2e TRIMESTRE. — Rome : la royauté, la république, l'empire ; les lettres et les arts ; décadence et partage de l'empire : Orient et Occident.

Les invasions barbares. — Les Francs mérovingiens. — Charlemagne et ses successeurs.

3e TRIMESTRE. — La féodalité. — Les croisades. — Les communes. — Événements principaux de l'histoire de la France, de l'Angleterre, de l'Allemagne, de l'Italie et de la Papauté, de l'Espagne et des pays scandinaves et slaves au moyen âge. — Invasion des Turcs en Europe. — Chute de Constantinople.

GÉOGRAPHIE

1er TRIMESTRE. — Notions générales de cosmographie. — Les planètes. — La terre dans l'espace. — Animaux et végétaux. — L'homme, les gouvernements, les religions. — Figuration de la terre ; globes et cartes.

2ᵉ TRIMESTRE. — Revision de la géographie de l'Europe. — Comparaison au point de vue de la richesse et de la puissance entre chacun des pays qui la composent.

3ᵉ TRIMESTRE. — Revision de la géographie physique et politique de l'Asie, de l'Afrique, de l'Amérique et de l'Océanie. — Principales productions de ces pays. — Colonies de la France dans chacun de ces pays.

2ᵉ ANNÉE

HISTOIRE GÉNÉRALE

1ᵉʳ TRIMESTRE. — Histoire générale de l'Europe de 1461 à 1643. — Progrès de la royauté en Angleterre, en Espagne, en France. — Formation des nationalités. — Les inventions et découvertes. — La Renaissance et la Réforme. — Les grandes guerres politiques et religieuses du xvıᵉ et du xvııᵉ siècle : guerres d'Italie, guerres de religion, guerre de Trente Ans.

2ᵉ TRIMESTRE. — Histoire générale de l'Europe pendant la seconde moitié du xvııᵉ siècle et pendant le xvıııᵉ siècle jusqu'à la Révolution. — France : triomphe de la monarchie absolue. — Angleterre : établissement définitif du régime parlementaire, fondation de sa puissance coloniale et maritime. — Décadence de la Pologne et de la Suède. — Agrandissements de la Russie et de la Prusse. — Les réformes politiques en Allemagne, en Espagne, etc.

Les lettres, les arts et les sciences au xvııᵉ et au xvıııᵉ siècle.

3ᵉ TRIMESTRE. — Histoire de la France et de l'Europe de 1789 à 1815. — Préliminaires de la Révolution. — Chute de la royauté en France. — La Convention, le Directoire, le Consulat et l'Empire : dissensions intérieures, guerres extérieures. — Bienfaits de la Révolution. — L'Europe en 1815 : réaction contre les principes de la Révolution, de 1815 à 1830. — La Restauration. — Les lettres, les sciences, les arts, les voyages. — L'Europe de 1830 à nos jours. — La monarchie de Juillet. — La question d'Orient. — La révolution de 1848. — Le second Empire, la guerre franco-allemande. — La troisième République. — Puissance de l'Angleterre, de l'Allemagne et de la Russie.

GÉOGRAPHIE

1er TRIMESTRE. — L'agriculture en France. — Végétaux et animaux. — Les industries alimentaires et les industries textiles. — Régions de production. — Comparaison avec l'étranger.

2e TRIMESTRE. — Les industries extractives : la houille, le fer et les principaux métaux; les carrières.

Les industries métallurgiques : industrie du fer, machines, armes, etc.

Divers centres de ces industries. — Comparaison avec les pays étrangers. — Importation, exportation.

3e TRIMESTRE. — Industries du bâtiment et de l'ameublement, céramique, verrerie, horlogerie, etc.

Industries chimiques : papiers, cuirs, encres, savons, bougies, etc

Les voies de communication en France : routes, chemins de fer canaux (revision).

Les moyens de communication avec les pays étrangers : chemins le fer, lignes de navigation, lignes télégraphiques.

HISTOIRE DE L'ART, HISTOIRE DU LIVRE

HISTOIRE DE L'ART

3ᵉ ANNÉE

Influence de la forme des sociétés sur le développement de l'art. — Influence des matières mises en œuvre sur les manifestations artistiques.

Les civilisations anciennes. — Égypte, Chaldée, Assyrie, Médie, Perse, Asie Mineure. — Géographie de ces régions ; rapports entre ces pays. — Commerce phénicien.

L'art. — Égypte : peinture et sculpture décoratives. — Asie occidentale : art lydo-phrygien.

La civilisation hellénique. — Iles, continent, colonies. — L'hellénisme.

L'art. — Architecture et ordres, sculpture, terres cuites. vases peints, costume. — La mythologie et son symbolisme.

La civilisation en Italie. — Grande-Grèce, Étrurie, Latium, Rome. — Ère des conquêtes. — Le catholicisme. — Constantin et Théodose.

L'art. — Étrurie : tombes et vases. — Art grec en Sicile et en Grande-Grèce. — République romaine ; conquête de la Grèce ; empire ; catholicisme ; Constantin et les deux empires. — Peinture décorative. — Costume, armes.

Géographie des frontières de l'empire romain ; les invasions.

La civilisation byzantine. — L'administration ; Justinien. — La décadence. — Les influences. — Ravenne.

L'art. — Influences romaines, grecques, arabo-persanes. — Époque justinienne, Sainte-Sophie. — Les mosaïques. — Les iconoclastes. — L'art au xiiᵉ siècle.

Les Arabes. — Mahomet, les conquêtes. — Divers milieux de développement de l'art arabe. — Céramique, sculpture ornementale, tentures.

La civilisation sous les royautés barbares d'Occident. — Catholicisme. — Lois romaines des barbares. — Localisation des Wisigoths, des Ostrogoths, des Burgondes, des Francs. — Les Mérovingiens et les Carolingiens.

L'art après les invasions. — Couvents ; imitation grossière de modèles romains, byzantins, arabes. — Rapports de l'empire carolingien avec les royaumes voisins.

La civilisation au XIe et au XIIe siècle. — Féodalité, Église, croisades. — Les provinces.

L'art roman. — Sources ; diverses écoles provinciales. — Principes de construction et de décoration. — Voûtes. — Symbolisme et iconographie. — Chapiteaux. — Sculpture. — Costume.

La civilisation au XIIIe et au XIVe siècle. — Royauté et féodalité ; la centralisation royale commence.

L'art gothique. — Architecture : croisée d'ogives ; contreforts et arcs-boutants, piliers, rosaces, fenêtres. — Décoration : peinture murale et sur verre, tentures. — Sculpture. — Costume et armes.

4e ANNÉE

La civilisation au XVe et au XVIe siècle. — Les idées : études classiques, droit romain, Réforme. — Les faits : grandes guerres internationales ; la France en Italie ; monarchie absolue. — Les Turcs en Europe. — Venise et la colonie grecque.

La Renaissance. — Italie et Allemagne : architecture, sculpture, peinture, gravure, orfèvrerie. — France : Renaissance française proprement dite ; guerres d'Italie et seconde Renaissance ; les écoles de Fontainebleau et de Lyon.

La civilisation au XVIIe et au XVIIIe siècle. — Triomphe de la France en Europe, et de la monarchie absolue en France. — Cour de Louis XIV ; Régence. — Transformation de la géographie politique européenne : Russie, Prusse, Pologne.

L'art au XVIIe et au XVIIIe siècle. — Architecture, sculpture, peinture, gravure, orfèvrerie. — Influence de la France en Europe.

Le XIXe siècle. — État moral et financier en 1789. — Révolution française, Empire, Restauration. — Époque contemporaine. — Transformation sociale; les ouvriers.

L'art au XIXe siècle. — Style néo-grec; école de David; romantisme. — Archéologie. — Tentatives vers un style nouveau.

HISTOIRE DU LIVRE

3e ANNÉE

L'ÉCRITURE

Théorie de l'écriture. — Divisions: *écriture idéographique* (figurative, symbolique); *écriture phonétique* (syllabique, alphabétique).

Histoire de l'alphabet, depuis les Phéniciens jusqu'aux invasions barbares.

Histoire des caractères, depuis l'époque romaine jusqu'à nos jours. — Types nationaux, mérovingiens, carolingiens, romans, gothiques et de la Renaissance, tant au point de vue de l'origine des types modernes qu'au point de vue décoratif. — Origine des caractères typographiques dits gothiques, romains, italiques, elzéviriens.

LES MATIÈRES DESTINÉES A L'ÉCRITURE

Matières diverses. — Pierre, marbre, terre cuite, métaux, os, bois, tablettes de cire.

Le papyrus. — Son origine. — Histoire de son emploi.

Le parchemin. — Son origine. — Sa fabrication. — Son usage dans l'antiquité, au moyen âge et aux temps modernes.

Le papier. — Son origine. — Son histoire. — Sa fabrication à la main, à la machine. — Pâtes diverses. — Marques et formats. — Centres de production.

Les instruments de l'écriture. — Les encres. — Les plumes.

EXÉCUTION ET DÉCORATION DU LIVRE MANUSCRIT

1° Le Livre manuscrit ; son exécution

Exécution du manuscrit dans l'antiquité : les esclaves et les affranchis ; les calligraphes.

Exécution du manuscrit au moyen âge : les moines jusqu'au xiii° siècle ; les copistes laïques ; les corporations et les Universités ; les libraires ; les bibliothèques et les amateurs ; prêts et location.

Le manuscrit aux temps modernes ; les lettres décoratives.

2° Le Livre manuscrit ; sa décoration intérieure

L'illustration dans l'antiquité.

L'illustration au moyen âge. — *Sources de l'enluminure :* élément romain, élément byzantin, élément irlandais. — *Grandes périodes :* période barbare ; période romane ou hiératique ; période gothique ou réaliste. — Les écoles d'enluminure.

L'enluminure moderne.

3° Le Livre manuscrit ; sa décoration extérieure

Conservation des livres dans l'antiquité ; les dernières reliures romaines.

La reliure au moyen âge ; orfèvrerie, ivoires, étoffes, peaux.

La reliure monastique.

4ᵉ ANNÉE

EXÉCUTION ET DÉCORATION DU LIVRE IMPRIMÉ

1° Le Livre imprimé ; son exécution

Époque de transition. — Les patrons découpés ; l'estampage. — La xylographie : images sans texte et cartes à jouer ; illustrations avec texte ; texte sans illustrations. — Caractères des xylographes.

Recherche des procédés typographiques. — Laurent Janson Coster, Waldfogel, Jean Mentelin, Gutenberg.

Invention de la typographie. — Gutenberg, Fust, Schoiffer.

Diffusion de la typographie. — La révolution épiscopale de Mayence. — L'imprimerie en Allemagne : Zell et Koburger ; en Italie : Pannartz, Sweynheim ; Jenson, les Alde ; Bodoni ; aux Provinces-Unies : Plantin, les Elzévier ; en Angleterre : Caxton, Baskerville, Pynson.

La typographie en France. — L'imprimerie à Paris : Fichet et Jean Heynlin ; Géring, Crantz, Friburger ; les Estienne ; les principaux imprimeurs parisiens. — L'imprimerie dans les provinces.

Les incunables. — Caractères généraux.

L'industrie typographique. — Histoire des caractères, de la composition, de la presse. — Pagination, signatures, réclames. — La stéréotypie. — Tirages en couleurs.

Le Livre imprimé ; sa décoration intérieure

Les images xylographiques.

Les procédés manuels. — Histoire des divers genres de gravure et de lithographie.

Les procédés proprement dits. — Histoire des gravures mécanique, chimique, héliographique. — Zincographie, phototypie, similigravure, héliogravure, photolithographie.

L'illustration en couleurs. — Tirages à plusieurs planches. — Chromolithographie et photochromolithographie. — Similigravure à trois couleurs.

Histoire de l'illustration, principalement en France, du xve *siècle jusqu'à nos jours.* — A. Durer, Marc-Antoine Raimondi, Holbein ; l'école française : Simon Vostre, Kerver, Pigouchet, G. Tory, les Audran, Edelink, Eisen, les Moreau, l'école de David. La lithographie : A. Senefelder, les Vernet, Charlet, Raffet, Daumier, Gavarni.

3° Le Livre imprimé ; sa décoration extérieure

XVe *siècle.* — La reliure monastique.

XVIe *siècle.* — Les reliures italiennes : Maïoli, les Alde, Canevarius — La reliure française : Grolier, les Ève, de Thou. — Les compartiments et les fanfares.

XVIIe siècle. — Les dentelles et les *petits fers :* Le Gascon, Florimond Badier.

XVIIIe siècle. — Les fers typographiques, les rocailles et les cadres ; la mosaïque : Derôme, les Pasdeloup, Duseuil.

XIXe siècle. — L'Empire et la Restauration. — Le style néo-grec. — Le romantisme et les fers *cathédrale :* Thouvenin. — Recherches archéologiques. — Tentatives de Renaissance : la décoration florale.

En 4e année, des visites à la Bibliothèque nationale permettent, en outre des spécimens montrés pendant le cours, de faire connaître aux élèves les types les plus remarquables de l'imprimerie, de l'illustration et de la reliure.

MATHÉMATIQUES ET COMPTABILITÉ

1re ANNÉE

ARITHMÉTIQUE. — *Nombres entiers.* — Numération. — Opérations. — Divisibilité. — Nombres premiers. — Plus grand commun diviseur. — Plus petit multiple commun.

Fractions. — Propriétés. — Opérations. — Fractions décimales.

Système métrique.

Problèmes pratiques. — Règles de trois, d'intérêt, d'escompte, d'échéance moyenne, de partage proportionnel, de société, de mélange, d'alliage.

Applications à la typographie. — Unités de papier. — Formats. — Exercices.

GÉOMÉTRIE PLANE. — Notions élémentaires. — Définitions. — Livres I et II. — Livre III. — Mesure des aires.

2e ANNÉE

ARITHMÉTIQUE. — Revision des problèmes pratiques. — Racine carrée. — Racine cubique (méthode pratique de recherche).

GÉOMÉTRIE. — *Géométrie plane.* — Livre III (fin). — Livre IV.

Géométrie dans l'espace. — Notions générales sur le plan et ses propriétés. — Mesure des volumes des polyèdres. — Mesure des volumes des corps ronds. — Exercices.

ALGÈBRE. — Notions d'algèbre pratique. — Opérations. — Fractions. — Équations du 1er degré à une ou deux inconnues. — Problèmes. — Exercices.

3ᵉ ANNÉE

ARITHMÉTIQUE. — Revision des problèmes d'intérêt et d'escompte.

GÉOMÉTRIE. — Application de la géométrie à la coupe des filets.

COMPTABILITÉ. — *Comptabilité générale.*

Tenue de livres. — Partie simple et partie double. — Brouillard. — Journal. — Grand livre. — Mise en pratique de la tenue en partie double.

Comptes courants. — Diverses méthodes pour le calcul des intérêts; pour la tenue des comptes courants d'intérêt.

SCIENCES PHYSIQUES ET NATURELLES
MÉCANIQUE

1ʳᵉ ANNÉE

PHYSIQUE

Chaleur. — Dilatation des corps. — Température. — Thermomètre. — Applications des dilatations. — Définir la calorie et la chaleur spécifique. — Notions sur les changements d'état. — Fusion. — Dissolution. — Solidification. — Ébullition. — Évaporation. — Notions sur la chaleur rayonnante et la conductibilité; applications pratiques.

Optique. — Propagation rectiligne de la lumière dans un milieu homogène. — Réflexion de la lumière. — Réfraction de la lumière. — Déviation produite par un prisme sur la direction d'un rayon de lumière simple. — Propriétés des lentilles. — Dispersion de la lumière. — Couleurs des corps. — Notions de photographie.

Acoustique. — Production, propagation, réflexion du son. — Écho.

Pesanteur. — Direction de la pesanteur. — Fil à plomb. — Pendule. — Balance.

CHIMIE

Notions préliminaires. — Corps simples, corps composés. — Distinction entre le mélange et la combinaison. — Air atmosphérique. — Oxygène. — Azote. — Combustion. — Eau. — Hydrogène. — Notions de nomenclature chimique. — Exercices. — Notions sur les principaux composés oxygénés de l'azote, en particulier sur l'acide azotique. — Ammoniaque. — Phosphore. — Phosphates. — Soufre. — Acide sulfureux. — Acide sulfurique. — Acide sulfhydrique. — Chlore. — Acide chlorhydrique. — Notions sur le fluor, le brome et l'iode. — Carbone. — Charbons naturels et artificiels.

— Notions sur l'acide carbonique et l'oxyde de carbone. — Silice et principaux silicates.

HISTOIRE NATURELLE

Zoologie. — Notions sur l'organisation de l'homme. — Digestion. — Circulation. — Respiration. — Sécrétions. — Fonctions de relation. — Système osseux. — Système musculaire. — Système nerveux. — Organes des sens. — Grandes lignes de la classification zoologique. — Vertébrés. — Invertébrés.

Notions d'hygiène. — Alcoolisme.

2ᵉ ANNÉE

PHYSIQUE

Hydrostatique. — Liquides en repos. — Démonstration expérimentale de leurs principales propriétés, des pressions qu'ils exercent. — Principe d'Archimède; applications. — Gaz. — Pression atmosphérique. — Baromètre. — Loi de Mariotte. — Manomètres. — Pompes. — Siphon.

Notions très élémentaires sur les forces et le travail. — Transformation de la chaleur en travail et réciproquement. — Machine à vapeur.

Électricité statique. — Production par le frottement, par influence. — Pouvoir des pointes. — Électroscope. — Bouteille de Leyde. — Électricité atmosphérique. — Magnétisme. — Notions sur les aimants.

Électricité dynamique. — Principe de la pile. — Courant électrique. — Résistance électrique. — Éclairage électrique. — Galvanoplastie. — Action d'un courant sur un aimant. — Notions sur le galvanomètre et ses usages. — Principe du télégraphe. — Notions sur l'induction; applications au fonctionnement des machines d'induction. — Téléphone.

CHIMIE

Propriétés et classification des métaux. — Alliages. — Potasses et soudes du commerce; application au blanchissage. — Azotates de potasse et de soude. — Notions sur la nitrification; applications. — Sel marin. — Sel gemme. — Hyposulfite de soude. —

Cyanure de potassium. — Chaux. — Mortiers. — Ciments. — Verreries et poteries. — Aluns.

Notions sur les métaux usuels et les procédés d'extraction de ces métaux. — On insistera sur ceux employés dans l'industrie du Livre.

Notions de chimie organique. — Principaux carbures d'hydrogène. — Alcool ordinaire. — Acides organiques les plus communs. — Corps gras. — Notions sur le papier et les encres.

HISTOIRE NATURELLE

Botanique. — Organes de la plante et leurs fonctions. — Racine. — Tige. — Feuille. — La fleur. — Le fruit. — La graine. — Différents modes de multiplication de la plante. — Classification des plantes. — Étude de quelques grandes familles.

Minéralogie et géologie. — Caractères des minéraux. — Espèces minérales les plus importantes au point de vue de l'industrie. — Étude de quelques roches. — Action des eaux. — Glaciers. — Chaleur centrale. — Tremblements de terre. — Volcans. — Terrains ignés. — Terrains sédimentaires.

Notions d'hygiène. — Alcoolisme.

3ᵉ ANNÉE (Section A)

Anatomie artistique. — Ostéologie en général. — Nomenclature. — Colonne vertébrale. — Squelette du tronc, sternum, côtes. — Ensemble du thorax. — Squelette de l'épaule ; clavicule, omoplate ; tête de l'humérus. — Articulations de l'épaule. — Humérus et articulations du coude. — Squelette de l'avant-bras ; radius et cubitus. — Mouvements de pronation et de supination. — Squelette de la main. — Proportions du membre supérieur ; indice brachial ; canon égyptien. — Squelette de la hanche ; bassin (os iliaque et sacrum) ; bassin selon les sexes. — Fémur et articulation de la hanche. — Proportions des hanches et des épaules. — Fémur et articulation du genou ; modelé de la région du genou. — Squelette de la jambe ; tibia et péroné, malléoles. — Squelette du pied. — Proportions du membre inférieur ; le pied comme commune mesure. — Squelette de la tête. — Angle facial de Camper. — Notions d'ostéologie comparée.

4ᵉ ANNÉE (Section A)

Myologie. — Des muscles en général. — Muscles du tronc, région antérieure; grand pectoral, oblique et droit de l'abdomen. — Muscles du dos; trapèze, grand dorsal et grand rond. — Muscles de l'épaule. — Muscles du bras. — Formes du bras. — Muscles de l'avant-bras; muscles antérieurs, externes et postérieurs superficiels. — Muscles postérieurs profonds de l'avant-bras. — Tabatière anatomique. — Muscles de la main. — Muscles du bassin. — Muscles de la cuisse. — Muscles de la jambe. — Muscles du pied. — Muscles du cou. — Muscles de la tête. — Muscles de la mastication et muscles de l'expression. — Des associations possibles et impossibles de certaines contractions des muscles de la face.

3ᵉ et 4ᵉ ANNÉE (Section B)
Divisions réunies

1ʳᵉ ANNÉE DE COURS

TECHNOLOGIE

Mécanique industrielle. — Différents mouvements utilisés dans l'industrie. — Forces. — Composition des forces. — Centre de gravité d'un corps. — Force centrifuge; applications. — Travail. — Mesure du travail. — Forces vives; applications. — Considérations générales sur les machines simples. — Poulies et courroies. — Roues dentées. — Engrenages. — Leviers. — Treuils. — Plan incliné. — Vis. — Excentriques. — Notions sur la mécanique des liquides et des gaz. — Transformation de la chaleur en travail et réciproquement. — Machine à vapeur.

Électricité industrielle. — La pile. — Le courant électrique. — Résistance électrique. — Électrolyse. — Galvanoplastie. — Éclairage électrique. — Notions sur le galvanomètre et ses usages. — Notions sur l'induction. — Machines d'induction. — Transport de la force à distance. — Télégraphie et téléphonie.

Chimie industrielle. — Acide azotique. — Gravure à l'eau-forte. —

Ammoniaque; applications. — Acide sulfurique; applications. — Chlore: application au blanchiment de la pâte à papier. — Acide chlorhydrique. — Charbons naturels et artificiels utilisés dans les industries du Livre. — Potasses et soudes du commerce. — Carbonate de chaux; pierres lithographiques, leurs usages. — Notions sur les métaux usuels employés dans les industries du Livre, leurs alliages et applications.

Manipulations sur les différentes parties du cours de chimie et de physique industrielles.

2ᵉ ANNÉE DE COURS

TECHNOLOGIE

Optique. — Ombre et pénombre. — Réflexion de la lumière. — Miroirs plans et sphériques. — Réfraction de la lumière. — Déviation produite par un prisme sur la direction d'un rayon de lumière simple. — Propriétés principales des lentilles sphériques. — Instruments d'optique. — Dispersion de la lumière. — Couleurs des corps. — Notions de photographie et applications aux industries du Livre.

Chimie industrielle. — Principaux carbures d'hydrogène; applications. — Alcools. — Vernis. — Éthers gras; applications. — Dextrine. — Amidon. — Cellulose. — Papier. — Acides organiques les plus communs. — Acide gallique. — Acide tannique. — Tannage des peaux. — Encres ordinaires. — Encres d'imprimerie. — Matières colorantes.

Manipulations. — Encres. — Vernis. — Matières colorantes.

3ᵉ et 4ᵉ ANNÉE (Section C)
Divisions réunies

1ʳᵉ ANNÉE DE COURS

TECHNOLOGIE

Mécanique industrielle. — Différents mouvements utilisés dans l'industrie. — Forces. — Composition des forces. — Centre de gravité. — Force centrifuge. — Travail. — Mesure du travail. — Forces vives; applications. — Considérations générales sur les machines simples. — Poulies et courroies. — Roues dentées. — Engrenages. — Leviers. — Treuils. — Plan incliné. — Vis. — Excentriques. — Notions sur la mécanique des liquides et des gaz. — Transformation de la chaleur en travail et réciproquement. — Machine à vapeur.

Chimie industrielle. — Acide azotique. — Gravure à l'eau-forte. — Ammoniaque; applications. — Acide sulfurique; applications. — Chlore; application au blanchiment de la pâte à papier. — Acide chlorhydrique; applications. — Charbons naturels et artificiels utilisés dans les industries du Livre. — Potasses et soudes du commerce; applications. — Carbonate de chaux. — Pierres lithographiques, leurs usages. — Notions sur les métaux usuels employés dans les industries du Livre et leurs alliages appliqués à l'imprimerie.

Manipulations sur les différentes parties du cours de chimie industrielle.

2e ANNÉE DE COURS

TECHNOLOGIE

Électricité industrielle. — La pile. — Le courant électrique. — Résistance électrique. — Électrolyse. — Galvanoplastie. — Éclairage électrique. — Notions sur le galvanomètre et ses usages. — Notions sur l'induction. — Machines d'induction. — Transport de la force à distance. — Télégraphie et téléphonie.

Optique. — Réflexion de la lumière. — Miroirs plans. — Réfraction de la lumière. — Déviation produite par un prisme sur la direction d'un rayon de lumière simple. — Propriétés principales des lentilles sphériques. — Instruments d'optique. — Dispersion de la lumière. — Couleurs des corps. — Notions de photographie et applications aux industries du Livre.

Chimie industrielle. — Principaux carbures d'hydrogène; applications. — Alcools. — Vernis. — Éthers gras; applications. — Dextrine. — Amidon. — Cellulose. — Papier. — Acides organiques usuels. — Acide gallique. — Acide tannique. — Tannage des peaux. — Encres ordinaires. — Encres d'imprimerie. — Matières colorantes.

Manipulations. — Encres. — Vernis. — Matières colorantes.

DESSIN D'ART.

DESSIN D'ART

1re ANNÉE

1er TRIMESTRE. — Étude des arts de différentes époques. — Ornements d'après le plâtre (Renaissance française, époques grecque, romaine, actuelle). — Croquis d'après des objets usuels. — Notions de perspective pratique.

2e TRIMESTRE. — Bustes d'après l'antique et la Renaissance. — Nature morte (objets divers). — Croquis. — Étude de draperies d'après des statues et sur le mannequin. — Croquis d'intérieur. — Pieds et mains, fragments.

3e TRIMESTRE. — Fleurs d'après nature. — Arrangement décoratif (fleurs, nature morte, draperies, objets divers). — Étude d'ensembles d'après des statues antiques et de la Renaissance. — Dessin de mémoire.

2e ANNÉE

1er TRIMESTRE. — Étude des arts byzantin, romain et gothique. — Ornements d'après les modèles en rapport avec les besoins de chaque profession. — Bustes (antique et Renaissance, romain et gothique). — Pieds, mains, fragments, etc.

2e TRIMESTRE. — Étude de la Renaissance en différents pays (France, Italie, etc.). — Dessin copié d'après des modèles choisis pour certaines professions, imprimeur en taille-douce par exemple. Il est nécessaire que l'ouvrier sache copier le *bon à tirer* qui lui est donné par l'éditeur. — Bustes (Renaissance française et italienne). — Ensembles (antique, Michel-Ange, etc.). — Dessin de mémoire.

3e TRIMESTRE. — Étude des époques Louis XIII, Louis XIV, etc. — Ornements d'après de bons modèles de ces différentes époques. — Fleurs d'après nature. — Arrangement décoratif (fleurs, nature morte, draperies, objets divers). — Dessin de mémoire.

3ᵉ ANNÉE

1ᵉʳ TRIMESTRE. — Modèle vivant (têtes). — Bustes (Renaissance). — Ensembles (époques grecque et romaine). — Ornements de différents styles (plâtre et dessin copié). — Croquis d'intérieur (perspective pratique).

2ᵉ TRIMESTRE. — Têtes d'expression d'après le modèle vivant. — Bustes (antique et Renaissance). — Figures drapées. — Draperies d'après le mannequin. — Ornements de différents styles. — Dessin de mémoire.

3ᵉ TRIMESTRE. — Fleurs d'après nature. — Bustes et ensembles. — Figures décoratives de différents styles. — Arrangement d'après la plante vivante.

4ᵉ ANNÉE

1ᵉʳ TRIMESTRE. — Figure d'après nature. — Figure d'après l'antique et la Renaissance. — Ornements de différents styles. — Étude d'animaux d'après de bons modèles. — Dessin de mémoire.

2ᵉ TRIMESTRE. — Figure d'après nature. — Figure de différentes époques (grecque, romaine, Renaissance, jusqu'à nos jours). — Étude de draperies. — Ornements de différents styles. — Costume moderne.

3ᵉ TRIMESTRE. — Figure d'après nature (portraits). — Figure d'après le plâtre. — Fleurs d'après nature. — Arrangement d'après la plante vivante. — Dessin de mémoire.

COURS DE MODELAGE

MODELAGE

1re ANNÉE

1er ET 2e TRIMESTRE. — Manipulations. — Étude de motifs élémentaires exécutés d'après nature. Exemples : feuille de platane ou de lierre, de chêne, de rose trémière, de vigne.

3e TRIMESTRE. — Étude d'ornements élémentaires.

2e ANNÉE

1er ET 2e TRIMESTRE. — Étude de motifs d'ornement choisis indistinctement parmi les œuvres des époques suivantes : antiquité, moyen âge, temps modernes, mais ayant toutes un caractère de modelé large, écrit. Cette étude a pour but de donner à l'élève le sentiment de la différence des plans et, par suite, celui de la forme.

Il en sera de même pour la figure humaine : les premières études porteront de préférence sur les têtes d'un modelé violent, comme on en voit dans les médaillons de la colonne Trajane.

3e TRIMESTRE. — Vers cette époque, l'élève exécutera des ornements ou figures d'une saillie moindre qu'auparavant, afin d'arriver progressivement à produire une impression d'immatérialité par un bas-relief très méplat, lequel trouve une adaptation industrielle, puisqu'il pourra s'exécuter, soit en cuir repoussé, soit en métal, pour reliure de livre ou d'album.

3e ANNÉE

1er ET 2e TRIMESTRE. — L'acanthe naturelle. — Les physionomies diverses des acanthes sculptées par les Grecs, les Romains, etc., jusqu'à nos jours, en s'efforçant de dégager la filiation des styles.

3e TRIMESTRE. — Étude des proportions principales de la figure humaine. — Interprétation d'après les plantes vivantes. — La ronde bosse interprétée en bas-relief. — Groupement d'éléments divers (ornements, figures, plantes, animaux) afin de développer avec le goût de l'arrangement le sentiment de la coloration sculpturale.

4ᵉ ANNÉE

Étude d'après le modèle vivant. — Étude des œuvres maîtresses depuis l'antiquité jusqu'à nos jours en se préoccupant de mettre en lumière la physionomie de chacune.

Exécution de modelages conçus dans un sentiment très bas-relief, rappelant la physionomie de la médaille.

Dans l'ensemble du cours, le professeur insistera de nouveau sur la coloration sculpturale dont il est question en 3ᵉ année ; il démontrera qu'elle est la conséquence des convexités et des concavités différentes.

En s'aidant des œuvres étudiées, le professeur indiquera aux élèves les règles d'art déterminées par les grandes époques ; il développera particulièrement celles qui, pouvant fournir des motifs susceptibles de combinaisons avec des éléments pris dans la nature, favoriseraient la tendance vers un art nouveau.

Bien entendu, les élèves exécuteront de préférence des motifs susceptibles d'augmenter leur science professionnelle ; mais, dans tous les cas, le professeur s'efforcera d'encourager, de développer même la personnalité de chaque élève, car c'est là un moyen rationnel pour arriver à la sincérité de sentiment, à la vérité d'interprétation dans les productions, industrielles ou non, dont l'art est l'âme.

COMPOSITION DÉCORATIVE

BUT DU COURS

Dans les arts du Livre, la composition décorative est soumise à des nécessités spéciales, tenant à la matière mise en œuvre et aux conditions particulières de format et de dimension. Dans ces arts, la composition décorative doit avoir une orientation particulière, et les résultats cherchés ne peuvent être obtenus qu'à la suite d'un travail réfléchi, tendant à conformer les divers éléments à cette destination spéciale.

Il est indispensable de bien connaître les diverses applications propres à chacune des parties des arts du Livre : c'est là l'occasion d'un sectionnement, suivant les spécialisations de l'École municipale Estienne; mais, quelles que soient les nécessités de ce sectionnement, il n'en reste pas moins indéniable qu'une base commune existe pour l'enseignement de la composition décorative : c'est la théorie générale des arts du dessin.

1re ANNÉE

SCIENCE ET ART DU DESSIN
Le tracé — La forme — Le style — La conception
La couleur — L'image

1er TRIMESTRE. — Initiation descriptive. — Dénominations. — Dispositions. — Mode d'exécution et d'application essentielle au Livre. — Éléments linéaires. — Le tracé. — Théorie mathématique. — Le point, la ligne, l'angle. — La surface rectiligne et la surface curviligne.

2e TRIMESTRE. — Surfaces (suite). — Constructions polygonales. — Application ornementale aux arts du Livre.

Filets. — Filetages à variations ornementales. — Rinceaux, volutes, etc.

Orientations combinées des première et deuxième catégories. — Essais de vignettes, fleurons, etc.

3ᵉ TRIMESTRE. — Corps. — Volumes. — Théorie géométrique des aspects du bloc. — Angles dièdres. — Polyèdres. — Projections. — Perspective d'observation. — Objets divers. — Applications théoriques aux groupements. — Notions architectoniques. — Moulures. — Profils et coupes. — Appareils et rudiments de construction. — Plans par terre. — Élévation. — Relevé physique. — Objets mobiliers simples. — Coupe et assemblage.

Chacune des parties du cours fait l'objet de démonstrations au tableau.

2ᵉ ANNÉE

ART ET SCIENCE ORNEMENTALE

**Discernement du style — Théorie descriptive — Composition
Synthèse et esthétique**

1ᵉʳ TRIMESTRE. — L'art dans les diverses civilisations. — Éléments documentaires des âges primitifs. — Notions d'arrangement. — Caractéristique selon le document. — Le sens légendaire et littéraire.

Époque ancienne. — Art hiératique. — Les Égyptiens. — Interprétations symboliques. — Attributs hiéroglyphiques. — Adaptation et application aux genres décoratifs modernes et à la page du Livre. — Croquis et épures.

2ᵉ TRIMESTRE. — L'art chaldéo-assyrien, babylonien. — Les Mèdes, les Perses, les Juifs. — Analyse et style des documents. — Adaptation et application. — Croquis et épures. — Illustration de demi-luxe.

3ᵉ TRIMESTRE. — Les Phéniciens. — Époque archaïque. — Les Hellènes. — Analyse et style des diverses manifestations artistiques. — Adaptation des légendes aux arts modernes. — Illustration de demi-luxe.

3ᵉ ANNÉE (Section A)

ENSEIGNEMENT GÉNÉRAL OU THÉORIQUE
Style et composition décorative

1ᵉʳ TRIMESTRE. — Histoire des arts et des civilisations anciennes et modernes. — Les Grecs. — Le siècle de Périclès. — Les Étrusques, les Romains, les Gallo-Romains. — Adaptation analytique aux arts modernes dans l'illustration du Livre.

2ᵉ TRIMESTRE. — Époques byzantine et arabo-mauresque. — Époques franque, carolingienne. — Art archaïque français du xiᵉ au xiiiᵉ siècle. — Écritures. — Art héraldique. — Moyen âge.

3ᵉ TRIMESTRE. — Epoque du xiiiᵉ au xvᵉ siècle. — Renaissance française et essai sur les formes étrangères. — Adaptation analytique et application aux arts du Livre de nos jours.

4ᵉ ANNÉE (Section A)

ENSEIGNEMENT GÉNÉRAL OU THÉORIQUE
Style et composition décorative

1ᵉʳ TRIMESTRE. — Époque moderne. — Renaissance (apogée). — xviiᵉ siècle : époques de Henri IV, Louis XIII et Louis XIV. — Adaptation analytique aux arts modernes. — Illustration de luxe.

2ᵉ TRIMESTRE — xviiiᵉ siècle : époques de Louis XV et de Louis XVI. — Réplique des pastorales et adaptation aux arts modernes du Livre. — L'affiche.

3ᵉ TRIMESTRE. — Époques semi-moderne et contemporaine. — Le Directoire. — L'Empire. — Romantisme. — Art fantaisiste. — Adaptation et revision générale.

3ᵉ et 4ᵉ ANNÉE (Section A)

Enseignement pratique ou principes généraux du cours de composition décorative appliqués à quelques-unes des spécialisations de l'École

Ce rapide sommaire montre dans quel esprit sont appliquées à l'enseignement purement technique les théories qui forment la première partie du cours. Le professeur, après avoir donné des *notions générales*, fait comprendre comment elles peuvent s'appliquer aux diverses branches de l'industrie du Livre, et quelles conditions spéciales sont à envisager suivant les divers modes d'exécution.

Gravure en relief sur métaux et dorure sur cuir. — Dessin avec adjonction de hachures et d'ombrures. — Composition décorative et style par application au genre dans la conception de vignettes, fleurons, écussons et lettres.

Gravure sur pierre. — Dessin avec adjonction de hachures et d'ombrures. — Composition décorative et style par application au genre. — Composition de têtes de factures, programmes, cartes commerciales, etc.

Gravure sur bois. — Estampe et illustration sur bois. — Adaptation et application de l'illustration au texte du volume à illustrer, à son format, à son mode d'édition.

Dessin et écriture lithographiques. — Peinture. — Application de sa théorie au métier de chromiste en tous genres. —Application de ses principes à l'illustration du Livre, à la composition de cartes commerciales, d'étiquettes, d'affiches.

3ᵉ et 4ᵉ ANNÉE (Section B)

DESSIN FANTAISISTE ET COMPOSITE

Application aux filets de coupe — Mosaïque — Filets à dorer

1ᵉʳ TRIMESTRE. — Exercices progressifs. — Filetages appropriés. — Combinaisons primaires à base géométrique. — Adaptation aux plats. — Recto et verso de couverture.

2ᵉ TRIMESTRE. — Combinaison et adaptation. — Surfaces et figures compliquées. — Ajustage de filets ornementaux à calibres divers. — Nielles et niellures. — Compartiments ornementaux. — Titres, lettres, capitales ornées, etc.

3ᵉ TRIMESTRE. — Série d'arrangements déterminés. — Conception raisonnée. — Ornementation décorative. — L'affiche, le programme, l'en-tête, etc. — Travaux de ville : clichés intercalés.

On ajoutera pour les élèves de 4ᵉ année : Extension du programme de 3ᵉ année. — Applications complémentaires. — Polychromie. — Or et argent.

3ᵉ et 4ᵉ ANNÉE (Section C)

DESSIN LINÉAIRE

Relevé de presses et machines à imprimer et à fondre
Application aux presses et machines à imprimer et à fondre
Application aux divers genres et modes d'impression

1ᵉʳ TRIMESTRE. — Théorie du tracé des formes. — Descriptive. — Développement. — Direction. — Proportions. — Échelles. — Cotes. Organes mécaniques initiaux.

Esquisses. — Épures. — Plans par terre. — Élévations. — Profils. — Coupes. — Front latéral.

2ᵉ TRIMESTRE. — Essais descriptifs de relevés sur place. — Dissertation sur nature. — Pièces organiques. — Unité mécanique simple. — Épures.

3ᵉ TRIMESTRE. — Relevés sur place. — Nature. — Groupes d'organes. — Actions combinées. — Essais et applications théoriques du lavis.

On ajoutera pour les élèves de 4ᵉ année : Amplification. — Complications de l'unité de machines. — Application théorique des effets de lavis.

PERSPECTIVE

COURS RÉSERVÉ AUX ÉLÈVES DE 4ᵉ ANNÉE (SECTION A)

Premiers éléments de perspective théorique. — Tableau. — Ligne d'horizon. — Points de distance. — Points de fuite. — Perspective d'un carré sur un plan horizontal. — Perspective d'un cylindre, d'un puits, etc. — Hexagone régulier inscrit dans une circonférence (carrelage). — Divisions égales de lignes droites situées sur un plan horizontal. — Étude de la demi-distance (point de distance inaccessible). — Perspective d'un escalier droit, les marches étant parallèles au tableau. — Perspective de voûtes, arcades, etc. — Grandeur des personnages dans un paysage, le spectateur étant debout, assis ou baissé.

Perspective pratique. — Point de fuite inaccessible (échelle de réduction). — Ombres portées d'un cube sur un terrain horizontal, le soleil étant dans le plan du tableau, devant ou derrière le spectateur. — Points de fuite accidentels (plans inclinés). — Perspective des réflexions dans l'eau. — Perspective des ombres portées par des objets éclairés par la lumière artificielle.

CHIMIE ET PHYSIQUE PHOTOGRAPHIQUES

Ce cours a pour but de donner aux jeunes élèves photographes se destinant à l'une quelconque des industries photomécaniques qui dérivent de cet art les compléments théoriques de physique, de chimie et même de mathématiques qu'il est impossible de développer à la masse des élèves, pour lesquels ils ne seraient d'aucune utilité.

1re et 2e ANNÉE

Les élèves de 1re et de 2e année suivent le même cours. Le professeur, à la suite d'une revision des propriétés des principaux corps servant en photographie, commence à décrire les divers procédés négatifs et positifs : collodion, gélatino, tirages mécaniques et sur papiers sensibles.

Dans ce cours, les élèves s'accoutument aux noms des produits et prennent en note les formules les plus généralement employées.

Les réactions chimiques sur lesquelles s'appuient ces différents procédés sont développées chaque fois qu'il est possible.

3e et 4e ANNÉE

A ce moment, les élèves ont acquis des connaissances générales plus étendues dans les autres cours. Cependant certains points mathématiques, qui seraient inutiles à la plupart des autres élèves, font encore défaut aux élèves photographes pour aborder les questions d'optique photographique.

Le cours débute donc par quelques leçons ayant pour but de

faire récapituler aux élèves ce qu'ils savent et de leur donner quelques notions nouvelles.

On leur expose les lois des lentilles et les différents points d'optique immédiatement applicables à la photographie : halo photographique, rôle des diaphragmes, réglage des trames en similigravure, étude des objectifs, etc.

Les réactions chimiques, qui n'ont pu être qu'ébauchées dans le cours de 1re et de 2e année, sont reprises à fond. On étudie de même la théorie et les principales formules employées en orthochromatisme.

Enfin les élèves reçoivent quelques notions sur la conduite des lampes à arc et des dynamos, dont tous les ateliers sont maintenant pourvus.

PRÉAU COUVERT — LEÇON DE GYMNASTIQUE

CALLIGRAPHIE

1re ANNÉE

Tenue de la plume et position du corps. — Écriture anglaise d'après de bons modèles.

2e ANNÉE

Anglaise, ronde, bâtarde; expédiée commerciale. — Composition de tableaux, têtes de factures, etc., etc.

GYMNASTIQUE

Le programme est celui des Écoles primaires supérieures, conforme aux règlements ministériels.

COURS TECHNIQUES

FONDERIE EN CARACTÈRES

Le but du cours de fonderie en caractères est de faire, des élèves qui sont confiés au professeur, d'habiles ouvriers dans les diverses opérations de fonderie, capables de satisfaire aux exigences des industries du Livre.

L'importance de la fonderie grandit chaque année; les besoins, en effet, augmentent de plus en plus; d'autre part, le perfectionnement actuel des machines rend la production plus rapide et moins coûteuse.

1re ANNÉE

Les élèves seront initiés aux premières notions de la fonderie en caractères, aux différents alliages pour la composition des matières que l'on emploie, à l'étude des mouvements de la machine simple à fondre, à rompre, à frotter et à composer.

Le professeur fera la théorie sur le poinçon typographique et son emploi, le sciage et le polissage du cuivre pour la frappe des matrices.

Théorie élémentaire sur la valeur du point typographique, dénomination, explications sur l'outillage.

Exercices purement théoriques sur la fonderie des caractères au moule à main.

Pour habituer les élèves à la chaleur du métal en fusion, on leur

ATELIER DE FONDERIE TYPOGRAPHIQUE

fera fondre à tour de rôle des interlignes, des garnitures, des lingots, des cadrats, des espaces et blancs de toutes sortes ; ensuite ils passeront au laminage des interlignes, au grattage et à la mise de longueur des garnitures et lingots.

Étude de la machine dans le fonctionnement de ses différents organes ; manière de la démonter et remonter, et de mettre une force de corps. — Mise d'approche, alignement, vérification de la pente, de l'aplomb, qui sont les qualités d'un caractère bien fondu.

Fonte d'interlignes, garnitures et lingots. — Frotterie, ébarbage et mise de longueur. — Mise en pages des fontes.

2ᵉ ANNÉE

Démonstration pratique et progressive de la fonte des caractères à la machine simple et à la machine Universelle, de la mise d'approche, de la romperie, de la frotterie, de la composition. — Essai du maniement des composteurs et du justifieur au coupoir. — Sciage et polissage du cuivre pour la frappe des matrices.

Revision des travaux de l'année précédente.

3ᵉ ANNÉE

Continuation de la fonte des caractères en multipliant les difficultés. — Coupe, mise de hauteur des lettres, apprêt et vérification. — Dégrossissage de la matrice, mise de hauteur, aplomb et pente. — Premières notions techniques de la fonte au moule à main.

4ᵉ ANNÉE

Pendant la dernière année de l'apprentissage, les élèves passeront simultanément à tous les exercices pratiques et à toutes les difficultés du métier, soit à la machine, soit au moule à main, soit au coupoir ou à l'apprêt, soit aux garnitures, lingots, interlignes et blancs de toutes sortes, et à la justification complète des matrices.

COMPOSITION TYPOGRAPHIQUE

Le cours de composition typographique de l'École Estienne prépare les élèves apprentis à devenir des compositeurs dans toute l'acception du mot; ce cours a pour but de leur faire connaître, dans ses nombreuses phases, la profession, de façon que, l'expérience aidant, ils puissent contribuer, par leurs connaissances premières acquises à l'École, à élever le niveau de l'art typographique.

Pour arriver à ce but, les apprentis exécuteront, progressivement, tous les genres de travaux, sans se spécialiser dans aucun d'eux.

Le but n'est pas de faire des contremaîtres, mais de bons ouvriers. Aux anciens apprentis de l'École, une fois à l'atelier, à s'élever par leur intelligence, leur travail, leur conduite, à l'honneur de diriger les autres. On n'apprend pas dans une École à être contremaître; on le devient quand on en a l'étoffe et qu'on a su s'en rendre digne.

1re ANNÉE

En 1re année, l'élève sera initié à l'étude de la casse, à la connaissance de l'emploi de l'outillage, du matériel et des caractères. Les premiers essais de composition se feront d'après réimpression de lignes simples. Ces essais se continueront par des réimpressions de lignes accidentées, à opérations, à alignements, etc.; puis on continuera par les mêmes lignes, d'après manuscrit. Entre temps, les élèves seront initiés aux principales règles typographiques concernant la manière de lever la lettre, l'espacement, la justification, les divisions, l'emploi des capitales et de l'italique, la correction, etc. Ils s'habitueront à compter d'après le point typographique. Vers le milieu de l'année, ils commenceront à s'initier aux tableaux et aux travaux de ville élémentaires, en aidant, dans ces travaux, les élèves de 2e année. C'est en quelque sorte l'enseignement mutuel, lequel se pratique également dans les autres divisions de l'atelier.

ATELIER DE COMPOSITION TYPOGRAPHIQUE

2ᵉ ANNÉE

En 2ᵉ année, on commencera la composition des tableaux et travaux de ville élémentaires, lesquels seront toujours progressifs, selon les facultés montrées par les élèves. Entre temps, on continuera les exercices de composition à la casse pour acquérir l'habileté et la propreté dans la composition. On fera de petites mises en pages faciles et sans incidents. Vers le milieu de l'année, les élèves commenceront à être initiés aux vignettes et aux filets. Avec les élèves de 3ᵉ et de 4ᵉ année, ils procéderont au démontage, au nettoyage et au remontage des biseautiers, ainsi que des différents outils. Ils aideront les élèves de 3ᵉ et de 4ᵉ année à distribuer les travaux de ville, sous la surveillance spéciale du professeur, qui leur fera ressortir la nécessité d'un bon rangement et de l'ordre dans les familles de caractères.

3ᵉ ANNÉE

En 3ᵉ année, on continuera les principaux travaux de 2ᵉ année, mais à un degré supérieur ; les tableaux et les ouvrages de ville divers seront gradués et variés de façon que tous les genres aient passé entre les mains des élèves. C'est en 3ᵉ année que commencera la composition du grec et de l'algèbre, des travaux en vignettes et des titres d'après manuscrits. Les élèves continueront l'étude de la coupe géométrique des filets, dont ils ont déjà eu les premières notions théoriques et pratiques pendant la 2ᵉ année. La mise en pages et la direction d'un travail seront, à tour de rôle, confiées aux élèves, pour les initier aux fonctions de metteur en pages et à l'esprit de suite qu'exige cet emploi. On s'exercera sur les impositions de tous les formats. On commencera également les travaux en plusieurs couleurs et le dédoublage des formes pour l'impression desdits travaux. La lecture et la correction des épreuves seront faites par tous les élèves, pour s'exercer l'œil et arriver à bien purger un texte des caractères mélangés ; de temps à autre, les élèves descendront à l'atelier d'impression pour s'y familiariser avec les presses à pédale et à l'ensemble des notions d'impression que ne doit pas ignorer un compositeur. Ils seront également habitués à connaître les services que peut rendre la clicherie dans les différents travaux de composition.

4ᵉ ANNÉE

En 4ᵉ année, les différentes connaissances techniques acquises pendant les trois années précédentes seront complétées et affinées. Tous les genres de travaux, jusqu'aux plus difficiles, seront abordés : lignes de labeurs de luxe, tableaux, travaux de ville, coupes de filets, algèbre, composition du grec, mises en pages, impositions, travaux en plusieurs couleurs, enfin tout ce qui concerne, en son entier, le métier de compositeur typographe. C'est principalement aux élèves de 4ᵉ année, tout en surveillant attentivement les élèves des trois autres années, que le professeur s'attachera, afin de leur permettre de sortir de l'École en connaissant *tout leur métier*, sous réserve de la pratique de l'atelier, qui leur sera nécessaire, et que seul l'atelier pourra leur donner.

Périodiquement, pour s'assurer de la façon dont les élèves des différentes années comprennent théoriquement la composition, le professeur leur fera faire des résumés sur des questions concernant la typographie.

Il les initiera également à leurs droits et à leurs devoirs dans les ateliers, à la tenue qu'ils devront y avoir ; il les mettra en garde contre les dangers et les inconvénients qui peuvent résulter de la paresse, d'un mauvais caractère, du défaut de solidarité, etc. Il insistera sur la nécessité impérieuse d'avoir de l'ordre, de ne pas gâcher le matériel à eux confié, d'être consciencieux et exacts dans leur travail, enfin sur tout ce que son expérience de la vie pourra lui suggérer, pour qu'en même temps que de bons ouvriers, les élèves deviennent des hommes dignes et de bons citoyens.

Il s'efforcera surtout de faire sentir aux élèves combien est nécessaire, pour l'exercice de leur profession, l'application aux cours théoriques du matin, lesquels sont intimement liés à l'apprentissage manuel proprement dit et le complètent. Il fera tous ses efforts pour leur inculquer l'esprit de discipline, le goût du travail, la volonté de bien faire, tant sous le rapport du travail que de la conduite.

Enfin, il donnera, dans son intégralité, pour la composition typographique, l'enseignement professionnel tel que l'indique le programme général de cet enseignement.

Au cours de composition est joint un cours de correction typographique et de lecture du grec.

Le professeur, après correction d'épreuves par les élèves, leur indique les fautes qu'ils ont laissées et les erreurs de ponctuation qu'ils ont commises. En outre, à propos de chaque travail corrigé, il explique les fautes typographiques et grammaticales, les mauvaises constructions françaises, relevées sur les épreuves et que les élèves auront à rectifier sur le plomb.

Ce cours devient ainsi une revision pratique des leçons de grammaire et de français données par les professeurs théoriques et appuie au contraire théoriquement les enseignements du professeur de l'atelier de composition.

Il prépare enfin les élèves à une des plus importantes fonctions qu'ils auront à remplir dans les imprimeries, où les auteurs et les correcteurs ont besoin d'être secondés, pour le bien du travail, par des corrigeurs expérimentés et habiles à ne laisser échapper aucune de ces redoutables « coquilles » qui font le désespoir des écrivains les plus minutieux et des imprimeries les plus consciencieuses.

STÉRÉOTYPIE ET GALVANOPLASTIE

Le but général du cours de stéréotypie et de galvanoplastie est de développer tous les avantages que présentent ces deux procédés de reproduction pour satisfaire aux exigences de l'industrie du Livre. L'importance de cet enseignement grandit chaque année, par suite du développement industriel des machines cylindriques à papier continu, dont le cliché fait partie intégrante.

1re ANNÉE

Le but à atteindre, pendant cette année, est de provoquer le goût au travail et l'adresse manuelle par une démonstration théorique et pratique de l'ensemble des travaux.

2e ANNÉE

Les élèves seront familiarisés définitivement avec les appareils et les machines, outils et matériel ; ils apprendront la composition des divers alliages, leur emploi, puis, successivement, l'imposition, l'entretien du caractère, la fabrication des flans, des empreintes, le séchage des formes, la fonte, le façonnage et l'échoppage, le biseautage des clichés, le travail du bois, le montage, la correction, etc. L'entretien du matériel et des machines sera aussi l'objet d'une instruction spéciale.

3e ANNÉE

Le travail de cette année d'apprentissage comprendra l'application aux travaux les plus divers de clicherie des connaissances acquises précédemment. En même temps, les élèves apprendront la galvanoplastie et les procédés de reproduction par la cire et la gutta.

ATELIER DE STÉRÉOTYPIE ET GALVANOPLASTIE

Ils commenceront par les opérations préparatoires des textes, des vignettes et des gravures de tous genres à reproduire; puis ils seront exercés au fonctionnement des divers appareils producteurs d'électricité en usage à l'École : piles, dynamo, accumulateurs, etc. Les élèves pratiqueront successivement le moulage, le façonnage des empreintes, la métallisation, la mise au bain, le démoulage des coquilles, l'étamage, le doublage, le dressage, le planage, la mise au tour, le découpage, l'échoppage, la correction, la terminaison, le montage sur bois, sur matière et à passe-partout, le nickelage, la reproduction et l'aciérage des planches en taille-douce, etc.

4ᵉ ANNÉE

Cette année comprendra le travail d'ensemble des opérations de tous genres. L'initiative des élèves sera développée au moyen de travaux nécessitant l'application de l'ensemble du savoir professionnel. Le professeur insistera sur les difficultés qui résultent pour l'imprimeur d'un travail imparfait et sur la nécessité d'une production rapide et sûre.

IMPRESSION TYPOGRAPHIQUE

Pour obtenir que les élèves possèdent toutes les données de la partie spéciale à laquelle ils se sont destinés, il faudra que le professeur leur fasse connaître, par quelques leçons rétrospectives, les différentes phases que leur art a traversées avant d'arriver au degré de perfectionnement actuel, degré qu'ils devront atteindre et même dépasser.

Ils devront connaître depuis les premières presses à bras jusqu'aux machines mécaniques si perfectionnées de nos jours : minerves, machines en blanc, à couleurs, machines doubles, etc.

Aucun genre de travail ne sera négligé; on leur enseignera graduellement la mise en train des labeurs, des tirages sur clichés, sur galvanos, des travaux de ville, des travaux en couleurs, des illustrations, etc.

1re ANNEE

Les premières leçons seront consacrées à enseigner aux élèves, pendant le temps du *Circulus*, la nomenclature des pièces et l'habillage de la presse.

Ensuite, on leur démontrera le fonctionnement et l'utilité de ces pièces, la composition et l'usage des rouleaux, la nature des produits employés à la fabrication des encres d'imprimerie.

On devra également les renseigner sur l'outillage personnel nécessaire.

Aux leçons suivantes, on leur fera garnir le tympan et le petit tympan, caler le bloc destiné à recevoir le cliché, faire la première mise en train sous le cliché, clouer ou griffer, faire la marge, imprimer à la main la frisquette et la découper.

Ils apprendront à faire la mise en train qui doit être collée dans le tympan et à tirer ensuite des épreuves.

ATELIER D'IMPRESSION TYPOGRAPHIQUE

2ᵉ ANNÉE

Pendant le cours de 2ᵉ année, les élèves s'exerceront sur les presses à bras des différents systèmes, et feront, sous la direction du professeur, des travaux d'impression avec registres in-8° et in-12, et des tirages peu compliqués en couleurs. Ils recevront aussi les premières notions sur les divers genres de gravures. Ils feront également fonctions de receveur de feuilles aux machines en blanc et aux machines doubles.

3ᵉ ANNÉE

Durant cette année, les élèves continueront les travaux précédents, mais à un degré plus élevé; les mises en train et les registres en couleurs seront plus compliqués. Ils procéderont à des essais de tirages de photochromie (procédé des trois couleurs). On leur fera faire des tirages sur gravures à la presse à bras; ils seront exercés aux tirages à la minerve, ainsi qu'aux fonctions de margeur aux machines doubles et de pointeur aux machines en blanc.

4ᵉ ANNÉE

Ce cours de dernière année fera revoir aux élèves tous les travaux pratiques des trois années précédentes, mais à un degré plus difficile, avec une exigence d'exécution plus parfaite.

Tant à la presse qu'à la minerve, à la machine en blanc et à la machine double, les élèves exécuteront seuls les travaux d'impression les plus divers.

Leur attention devra porter surtout sur le réglage du foulage et sur celui des encriers, point capital pour obtenir une couleur bien suivie dans un ouvrage.

Pendant les mises en train, les élèves de 2ᵉ et de 3ᵉ année s'occuperont du graissage des machines et procéderont à leur nettoyage minutieux et à celui du matériel à eux confié.

DESSIN LITHOGRAPHIQUE

Cet enseignement comprend trois branches de la lithographie :
le travail à l'encre ; le travail au crayon ; la chromolithographie.

De la 1ʳᵉ jusqu'à la 4ᵉ année on appuiera sur le travail à l'encre, qui
exige des dessinateurs le plus de pratique et le plus d'aptitudes. Le
travail au crayon sera enseigné, mais nous n'espérons pas faire
revivre la belle époque qui a illustré la lithographie. La photographie est venue apporter bien des modifications, et les conditions
de la reproduction ont totalement changé. Ce procédé de coloriste
par excellence, entre les mains d'artistes créateurs, aura pourtant
toujours une belle place, et nous espérons que plus tard, dans cet
ordre d'idées, quelques-uns de nos élèves nous feront honneur.

Envisageant le côté pratique, cet enseignement est néanmoins
indispensable, car le dessin au crayon subsiste comme accessoire
du travail lithographique et est d'un grand secours pour le chromo-
graphe, qui tire d'une même couleur, par un seul tirage, toute une
gamme de nuances fondues et d'une grande douceur. La chromolithographie sera enseignée dès la 2ᵉ année. La composition des
planches exige des connaissances artistiques et une expérience du
métier qui ne s'acquièrent que par une longue pratique. Le chromo-
graphe doit être dessinateur et coloriste, il doit savoir manier
la plume, le pinceau, le crayon, le burin et connaître toutes les
ressources du travail sur pierre.

En principe, le professeur, conférant avec l'élève, saisira toutes les
occasions de l'habituer à ramener chaque détail technique du travail
vers des considérations élevées sur la beauté dans l'art, afin d'aider
au développement de son jugement esthétique ; le but de l'École
étant de réagir contre l'erreur qui consiste à tenir pour inférieur
l'art dit industriel et à le séparer de l'art pris dans son acception
absolue.

DESSIN LITHOGRAPHIQUE.

1ʳᵉ ANNÉE

Manière de tailler les crayons lithographiques. — Manière de tailler, de convertir en plumes les bandes d'acier. — Étude du calque ; des différentes façons de le transporter sur pierre. — Exécution sur la pierre de modèles simples initiant l'élève au maniement de la plume lithographique taillée aux ciseaux et du crayon gras. — Habitudes d'ordre et de propreté pour assurer le bon résultat du travail. — Maniement des pierres. — Précautions à prendre pour éviter les accidents.

Exercices à la plume lithographique taillée aux ciseaux. — Exercices de crayon. — Travaux géométriques pour l'usage des tire-lignes et compas.

Ces études seront progressivement rendues plus difficiles par le choix des modèles.

Copies de gravures. — Interprétations diverses.

2ᵉ ANNÉE

Exercices de dessin d'imitation applicables à l'exécution lithographique.

Travaux sur pierre à la plume lithographique taillée aux ciseaux. — Paysages. — Ornements. — Figures faites au trait.

Exécution sur la pierre de modèles gradués obligeant l'élève à vaincre progressivement les difficultés de l'exécution.

Exercices à la plume, avec modèles offrant plus de difficultés.

Ces exercices seront ombrés par des hachures.

Exercices de dessin d'après nature, et raisonnement pratique sur les phénomènes de la perspective et sur les effets de la lumière.

Copies de gravures simplement faites. — Exercices de pointillé (genre Jehenne).

Exercices de crayon lithographique applicables à la chromo-lithographie d'art.

Premières combinaisons de couleurs et impression de ces premiers travaux pour intéresser les élèves et leur faire mieux comprendre ce qui leur a été enseigné.

Interprétation de croquis, de photographies, de tableaux à l'huile, d'aquarelles, de gouaches, de pastels, par des travaux de plume (pointillé et hachures), par le lavis et le crayon lithographique.

3ᵉ ANNÉE

Exécution sur la pierre de sujets présentant les difficultés du modelé et de l'effet.

Continuation des exercices de plume, de pointillé, de lavis, de crayon, en les appliquant à des modèles offrant plus de difficultés.

Mise en œuvre de reproductions d'aquarelles, de pastels, de peintures à l'huile, de gouaches, de lavis.

Anatomie artistique. — Composition ornementale. — Lois générales de l'ordonnance des motifs et des sujets au point de vue décoratif.

Dessin géométrique, géométrie descriptive, projection, perspective. Ces quelques notions ont pour but de mettre les élèves à même de dessiner à une échelle voulue les objets industriels en nature que l'on voudrait par exemple faire figurer dans un album ou un catalogue industriel.

Étude des combinaisons de couleurs. — Autographie. — Géométrie. — Machines. — Figures et ornements.

Exercices sur l'emploi du grattoir, sur le vernis de la pierre. — Teinte pour les effets de rehaut en blanc.

Dessin d'objets industriels d'après nature : plan, élévation, coupe, perspective.

Ces dessins seront ensuite reportés sur pierre ou sur zinc et lithographiés au moyen de hachures, de pointillé, de lavis, de crayon, de brosse rentrée.

Chromolithographie : étude de combinaisons de couleurs.

Reprise de copies de belles gravures des XVIᵉ et XVIIᵉ siècles.

Interprétation avec la plume taillée de photographies, de tableaux, de dessins, par hachures raisonnées et pointillé.

4ᵉ ANNÉE

La 4ᵉ année sera employée à des travaux de longue haleine, dont les sujets, d'ordre supérieur, réuniront d'une manière complète toutes les qualités acquises, et comprendront la mise en œuvre des procédés et des diverses combinaisons que comporte l'art de la lithographie.

Zincographie. — Manipulations diverses. — Travaux sur zincs grainés et poncés. — Conseils pour rendre pratiques les travaux sur zinc.

Chromolithographie. — Chromotypographie. — Exécution par tous les procédés de tableaux ou sujets.

Lettres ornées pour travaux de commerce. — Travaux applicables aux albums industriels. — Catalogues. — En-têtes. — Vues d'usines en noir, en couleurs.

Ces travaux seront faits avec pointillé, hachures, lavis, brosse, en travail toujours parfaitement ouvrable et solide, capable de donner une bonne et franche impression.

Étude des combinaisons des couleurs. — Analyse des tableaux exécutés au pastel. — Aquarelle. — Peinture à l'huile. — Gouache. — Camaïeu. — Sépia. — Céramique, etc.

Dessin d'après nature d'objets industriels. — Interprétation sur pierre par les moyens indiqués d'autre part : plume, hachures, pointillé, lavis et crayon.

Dessin à la plume taillée pour travaux spéciaux d'art et de commerce.

Récapitulation de tous les travaux antérieurs.

GRAVURE SUR PIERRE

Le but de cet enseignement est de fournir au commerce, à l'industrie et aux sciences tous les travaux de lettres, de dessins et d'illustrations dont ils ont besoin :

Au commerce : factures, adresses, mandats, etc.;

A l'industrie : catalogues de toutes sortes, dessins de vues, architecture, etc.;

Aux sciences : plans, cartes géographiques et topographiques, figures démonstratives, etc.

La gravure sur pierre s'étendant à un grand nombre de parties distinctes les unes des autres, la connaissance très approfondie et une grande pratique de tous les caractères de lettres, l'orthographe, le plus d'érudition possible, la bonne conception du dessin faciliteront les études de l'élève.

Un bon goût artistique, et autant que possible progressif et nouveau, un bon jugement dans la composition étant demandés dans le travail du graveur, le professeur devra stimuler et exciter ces dispositions chez l'élève par des exercices fréquents et très variés.

1ʳᵉ ANNÉE

Exercices de cartes, de lettre anglaise, de vignettes. — Signes conventionnels de topographie. — Écritures diverses. — Dessin industriel.

Ces divers exercices seront variés de façon que les élèves aient un aperçu général de la profession.

2ᵉ ANNÉE

Plans au 1/5000ᵉ, au 1/10000ᵉ, tracé simple. — Villes. — Rivières simples. — Limites, routes, frontières. — Écriture anglaise. — Ornements, style grec.

ATELIER DE GRAVURE SUR PIERRE.

Carte d'une partie d'État : fortifications, chemins de fer, ponts, etc. — Écriture italique, ronde. — Ornements, style romain. — Vignettes.

Cartes avec rivières doubles et signes conventionnels. — Écriture gothique, romaine. — Ornements gothiques. — Mécanique simple.

Cartes avec lettres romaines et italiques. — Caractères classiques. — Plans mécaniques. — Vignettes compliquées. — Ornements Renaissance.

3ᵉ ANNÉE

Caractères bâton et égyptienne. — Carte complète. — Circulaires en anglaise. — Gravure mécanique en perspective. — Applications des ombres. — Vignettes et ornements Louis XIV et Louis XV.

Croquis d'après manuscrits. — Factures, cartes d'adresse, étiquettes. — Registres. — États. — Circulaires en bâtarde. — Cartes topographiques. — Gravure d'objets industriels à l'échelle, d'après croquis et d'après nature.

Signes conventionnels topographiques. — Titres en caractères divers. — Factures. — En-têtes avec ornements et lettres de fantaisie, lettres entrelacées, de styles divers, couronnes, blasons. — Objets industriels compliqués à l'échelle.

Cartes topographiques avec titres, signes, légendes. — Étiquettes, cartes, factures ornées. — En-têtes, culs-de-lampe. — Objets d'ornement pour l'industrie, cuivre, verrerie, plumes, d'après nature.

4ᵉ ANNÉE

Montagnes à grande échelle, carte complète. — Gravure de médailles. — Factures et en-têtes riches. — Vignettes riches pour le Livre.

Vues diverses d'usines, paysages, animaux. — Réunion de divers motifs pour factures et cartes riches. — Gravure industrielle de plus en plus compliquée.

Gravure complète de la carte topographique. — Frontispices. — Vignettes riches. — Travaux commerciaux riches. — Gravure de dessins scientifiques, botanique, zoologie, etc.

Gravure de diplômes. — Vues avec figures, paysages, animaux. — Application de l'eau-forte sur pierre et sur zinc.

ATELIER D'ÉCRITURE LITHOGRAPHIQUE

ÉCRITURE LITHOGRAPHIQUE

Ce cours a pour but l'étude technique du travail lithographique, sur pierre et à la plume, des écritures et des vignettes dans leurs différentes applications : commerciales, industrielles et artistiques.

La technique de la plume, d'un usage constant, exige de l'élève une connaissance assez étendue dans l'étude du dessin, la pratique de cet art lui permettant d'interpréter l'exécution de son travail dans un sentiment plus élevé.

1re ANNÉE

. Mode d'emploi de la règle et de l'équerre.

Tracé sur pierre des caractères d'anglaise et de ronde (majuscules et minuscules) à l'aide du crayon de mine de plomb. — Exécution à l'encre lithographique au moyen de la plume Brandauer ou Mitchell.

Soins et précautions à prendre dans l'exécution du travail à l'encre grasse.

2e ANNÉE

Étude des caractères de tous ordres : démonstration progressive et technique. — Maniement et usage du tire-ligne.

Calque : ses différentes applications, son transport sur la pierre.

Exercice pratique de la pointe d'acier. — Essais de dessin au trait d'après modèles. — Récapitulation des exercices. — Taille de la plume lithographique.

3e ANNÉE

Caractères ornés. — Lettres blanches ombrées avec filets. — Registre. — Montants et lignes grises au diamant. — Travaux divers exécutés à l'encre de réserve. — Exercices de dessins ombrés interprétés à la plume lithographique (hachures) d'après modèles. — Combinaison de lettres et de vignettes. — Étiquettes en couleurs.

4ᵉ ANNÉE

Récapitulation des travaux précédents, mais interprétation rendue plus complexe par le choix des modèles.

Croquis de cartes, étiquettes de luxe, titres de musique. — Tableaux-annonces en plusieurs couleurs. — Étude et application sur pierre d'après croquis. — Travail à la brosse (procédé). — Photographies interprétées à la plume taillée. — Compositions diverses, etc.

AUTOGRAPHIE

COURS COMPLÉMENTAIRE POUR LES ÉLÈVES LITHOGRAPHES

Ce cours, absolument indispensable pour compléter l'éducation professionnelle des lithographes (graveurs, écrivains et dessinateurs), a pour but d'initier les élèves à la compréhension de modèles ou minutes d'auteurs (architectes, ingénieurs ou constructeurs).

L'élève ici n'apprend pas seulement à calquer, quoiqu'un bon calque autographique soit, en dessin, la clef d'une bonne exécution autographique; mais il apprend à comprendre ce qu'il fait.

Fait-il de l'architecture, il apprend à connaître la construction : car, les modèles ou minutes d'auteurs n'étant ordinairement pas très clairs au point de vue de l'éclairage et des ombres, il est forcé de se les faire expliquer, pour sa compréhension personnelle.

Fait-il de la mécanique, il est impossible qu'il dessine une pièce quelconque, s'il ne la comprend pas; il devra apprendre comment, en traits conventionnels, se traitent les multiples parties qu'embrassent la mécanique et ses détails; les différents métaux dont se compose une machine ou un ajustage quelconque, surtout dans les « coupes ».

Fait-il de la géographie, il faudra lui donner des notions de topographie, car la plupart des auteurs ne prennent pas la peine d'indiquer sur leurs modèles ou minutes les dessins conventionnels de tout ce que comporte la géographie (cartes et plans) en général.

Fait-il des travaux en couleurs, il embrassera à la fois tous les genres, la reproduction s'appliquant à toutes les industries; il aura à prévoir les jeux différents des divers papiers. Enfin, l'autographie bien faite devant imiter la lithographie, ce genre lui donnera plus de soin pour la profession dans laquelle il est spécialisé.

Quatre ou cinq séries d'élèves lithographes (de 2ᵉ et de 3ᵉ année) de l'École suivent ce cours tous les ans : il se donne en dix-huit leçons par série d'élèves (neuf leçons de dessin autographique et neuf leçons d'écriture autographique).

Ce cours est donc une espèce de *Circulus* dans lequel l'élève se fortifie dans la compréhension des dérivés de la lithographie et apprend théoriquement et pratiquement tous les détails d'autographie, écriture et dessin.

ATELIER D'IMPRESSION LITHOGRAPHIQUE

IMPRESSION LITHOGRAPHIQUE

Le but de ce cours est de former des ouvriers connaissant d'une manière approfondie toutes les branches de leur métier, sachant imprimer à bras et à la machine tous les travaux d'édition, de commerce, artistiques, en couleurs, en dorure, la plume, le crayon, la gravure sur pierre, le cuivre, le zinc, la chromo, les reports, sachant grainer, poncer, etc., en un mot, possédant leur métier en entier.

1re ANNÉE

Étude du matériel. — Grainage, ponçage. — Calage. — Doublage des pierres, ciment, ardoise. — Mise en train. — Impression de travaux faciles, noir et couleurs. — Repérage.

2e ANNÉE

Reprise des travaux de 1re année, selon les besoins des ateliers de dessin, de gravure sur pierre et d'écriture. — Décalques et tirages d'autographies, en noir ou en couleurs. — Essais de plume, de crayon, de gravure et d'écriture. — École de reports. — Impressions de teintes. — Réception à la machine.

3e ANNÉE

Manipulation des couleurs. — Mélanges pour la formation des tons. — Étude des vernis. — Travaux artistiques. — Chromo à un nombre quelconque de couleurs. — École de reports sur zinc. — Disposition, piquage, décalquage. — Étude des machines. — Fabrication des mouilleurs. — Pose des blanchets. — Formation des rouleaux neufs. — Marge à la machine et école de pointure. — Calage à la machine. — Mise en route, réception. — Impressions diverses aux machines.

4e ANNÉE

Pendant cette dernière année, les élèves reprendront toutes les phases de leur métier à tour de rôle, de façon qu'ils arrivent à faire *vite* et *bien*, condition absolument indispensable pour les besoins de l'industrie moderne.

Travail industriel livrable. — Reports de cuivre et d'acier. — École de repérage au cadre. — Piquage de reports de chromo sur zinc et sur pierre. — École du conducteur.

ATELIER DE GRAVURE SUR BOIS

GRAVURE SUR BOIS

La gravure sur bois est l'interprétation en relief ou en creux de la forme et des valeurs exprimées par le dessin, la peinture, la sculpture, la photographie, etc.

Son but est de reproduire toute œuvre d'art publiée, sous forme d'estampe, de livre, de journaux d'art décoratif et d'illustration, etc., ainsi que tout sujet industriel.

Le dessin est inséparable de l'étude ardue de la gravure ; il doit être la préoccupation constante du graveur ; l'observation par le dessin amènera celui-ci à une compréhension plus approfondie du caractère des travaux qu'il est appelé à interpréter par le burin ; en outre, son goût s'épurant, il deviendra plus sensible aux belles et hautes manifestations de la nature.

1ʳᵉ ANNÉE

Dessin. — Objets usuels. — Dessin copié. — Dessin d'après le plâtre (ronde bosse).

Gravure. — Teinte. — Fac-similé (dessin au trait).

2ᵉ ANNÉE

Dessin. — Bas-relief. — Dessin copié. — Dessin d'après nature (étude de tête). — Dessin d'après la plante. — Étoffes, draperies, etc.

Exprimer parfois le dessin copié par des hachures.

Gravure. — Interprétation en fac-similé et teintée d'après les meilleures œuvres des maîtres : peinture, sculpture, aquarelle, pastel, fusain, etc.

3ᵉ et 4ᵉ ANNÉE

Pour les élèves de 3ᵉ et de 4ᵉ année, le programme différera et par le choix des modèles plus difficiles à interpréter et par l'expression plus parfaite exigée de cette interprétation.

Dessin de mémoire. — Interprétations dessinées et gravées par l'élève.

Gravure originale.

ATELIER DE GRAVURE EN RELIEF

GRAVURE EN RELIEF

GRAVURE TYPOGRAPHIQUE ET EN FERS A DORER

Le but de ce cours est de former des ouvriers pouvant exécuter en gravure en relief sur tous les métaux les diverses applications que les arts graphiques nécessitent en ce genre.

Son but est ainsi d'élever le niveau intellectuel et artistique des élèves en leur enseignant, non pas seulement une spécialité, mais l'ensemble de leur métier, pour lutter contre la spécialisation à outrance qui est au premier chef une cause de décadence et paralyse toute extension.

Ce but est d'autant plus nécessaire à atteindre que les conditions d'existence ne sont plus les mêmes qu'il y a cinquante ans : outre que le goût public s'est affiné, les progrès réalisés dans les arts graphiques nécessitent des graveurs un effort continuel et exigent une souplesse d'interprétation qui ne peut être obtenue que par le dessin et une science complète du métier.

En outre, le graveur doit se préoccuper des progrès accomplis dans les sciences, progrès qui ne peuvent pas le laisser indifférent, puisqu'ils peuvent changer ses conditions d'existence. Ainsi, pour les gros et moyens corps, la gravure sur acier, longue et coûteuse, est déjà remplacée par la typographie sur cuivre ou sur métal d'imprimerie, avec laquelle on obtient par la galvanoplastie des matrices jusque-là réservées au poinçon. Celui-ci est encore indispensable pour les petits corps, mais qui sait si demain la mécanique ne trouvera pas là un nouvel emploi ? De là nécessité pour le graveur de savoir faire le même travail sur des matières différentes et de posséder en outre le dessin, clef d'or, sans laquelle tout effort reste stérile, l'ouvrier ne pouvant progresser et s'intéresser à son œuvre que grâce à ce puissant levier, qui, seul, lui permet de s'élever.

Cet enseignement comporte :

1° La gravure typographique sur acier, comprenant le poinçon, les caractères et les vignettes, les coins, les bordures, les fonds, les ornements à combinaisons, etc. ;

2° La typographie sur cuivre, les caractères, les vignettes diverses, telles que frises, encadrements, lettres ornées, culs-de-lampe comportant la figure et l'ornement ;

3° La gravure en fers à dorer, comprenant le petit fer, les fers de style et de fantaisie, et la plaque décorative, comprenant la figure, l'ornement et la lettre ;

4° Le dessin professionnel, comprenant l'étude des caractères classiques et d'écriture, les lettres ornées, les frises, les bordures, les culs-de-lampe, les ornements à combinaisons, les entrelacs, l'étude des différents styles d'ornementation relatifs à la décoration en fers à dorer, le dessin d'après les maîtres et le dessin à la plume ;

5° La lime et la trempe.

1re ANNÉE

Cette 1re année, comprenant la période du *Circulus* et de la spécialisation à l'atelier, comporte l'étude des éléments ci-après :

Dessin. — Alphabets des caractères classiques haut et bas de casse, ponctuation, chiffres, accentuation du romain, antique, égyptienne, elzévir, italique. — Dessins à la plume afin d'exercer l'élève aux différents effets à obtenir par le trait simple et surcoupé.

Dessin au crayon. — Ornement, blason. — Figure d'après les maîtres. — Lettres ornées, culs-de-lampe, bordures, etc.

Gravure sur cuivre. — Étude du champlevé. — Coupe typographique. — Caractères d'affiches. — Coupe en fers à dorer. — Plaques, ornements au filet, lettres, sujets ombrés très simples.

Gravure sur acier. — Couper et dresser le poinçon. — Ébauche de vignettes géométriques corps 36 et 24. — Étude du point typographique et des différents corps. — Calibrage.

Tracés sur zinc. — Exercices d'assouplissement au burin ayant pour but de donner à l'élève la souplesse nécessaire aux différents tracés qui sont pratiqués en typographie ou en fers à dorer. — Étude de la taille gravée en appliquant techniquement l'étude du dessin à la plume.

2ᵉ ANNÉE

Dessin. — Continuation de l'étude des lettres genre classique. — Assemblage des lettres. — Composition de titres divers. — Dessin à la plume de lettres ornées. — Culs-de-lampe, vignettes diverses. — Dessin au crayon. — Figure et ornement d'après les maîtres.

Gravure sur cuivre. — Continuation de l'étude des différentes coupes. — Lettres assemblées, vignettes diverses. — Petits fers de style genre Alde, pleins, azurés et au filet.

Gravure sur acier. — Pendant le premier semestre, ébauche d'un caractère simple corps 24 ou 36 en y ajoutant l'étude de vignettes très simples.

Pendant le deuxième semestre, retouche de l'ébauche du premier semestre. — Accentuation du poinçon. — Trempe.

Exercices d'assouplissement au burin en graduant les difficultés.

3ᵉ ANNÉE

Dessin. — Même programme que pour la 2ᵉ année, en accentuant les difficultés. — Caractères d'écriture et de fantaisie.

Gravure sur cuivre. — En typographie : lettres ornées, culs-de-lampe, fantaisies diverses. — En fers à dorer : plaques diverses, blason, sujets divers plus compliqués, lettres assemblées, titres. — En petits fers : fers Alde, xviiᵉ et xviiiᵉ siècle, fers mosaïque et emporte-pièce.

Gravure sur acier. — Ébauche et retouche d'un caractère corps 12. — Vignettes diverses du corps 6 au 36.

Exercices d'assouplissement au burin dans lesquels l'élève abordera des difficultés de plus en plus grandes, la 4ᵉ année ne comportant plus ces études.

4ᵉ ANNÉE

Dessin. — Étude progressive en lettres, caractères d'écriture. — Petits arrangements de titres. — Dessins à la plume et au crayon. — Petits arrangements de vignettes. — Composition de plats de différents styles. — Croquis. — Flore ornementale.

Gravure sur cuivre. — Exécution de sujets présentant des difficultés plus grandes tant en typographie qu'en fers à dorer. — Lettres et ornements (plaques gravées en plusieurs couleurs).

Gravure sur acier. — Ébauche et retouche d'un caractère, soit classique, soit de fantaisie, du corps 6 au corps 12. — Vignettes petits corps. — Démonstration de la frappe et de la justification des matrices.

Démonstration des services rendus à la gravure par l'emploi de la photogravure et des moyens mécaniques.

SPÉCIALISATION PARTIELLE

Une modification importante a été faite en vue de faciliter l'apprentissage aux élèves dont les aptitudes ne sont pas suffisantes pour apprendre entièrement l'ensemble de la profession. Elle consiste dans la faculté laissée au professeur de pouvoir, dès la 3e ou la 4e année, spécialiser certains élèves, soit dans le poinçon typographique, soit dans le fer à dorer. Cette spécialisation partielle, faite après deux ans d'étude de l'ensemble du métier, aura pour effet d'assurer aux élèves spécialisés le bénéfice de ces deux années d'apprentissage général et de les fortifier ensuite dans la partie du métier qui leur est le plus favorable.

ATELIER DE GRAVURE EN TAILLE-DOUCE

GRAVURE SUR CUIVRE EN CREUX

BURIN, EAU-FORTE, POINTE SÈCHE

L'étude de la gravure doit être l'étude du dessin ; cet art en est la base, c'est le germe du goût qui doit la vivifier. Nul sentiment, nul progrès en gravure sans une certaine expérience dans la pratique du dessin. La seule différence qui soit entre ces deux arts, s'il est vrai qu'il y en ait une, ne consiste que dans le moyen d'opérer, la matière sur laquelle on opère et le chemin plus court ou plus long qu'il faut tenir pour arriver au même but. Il faut que l'apprenti graveur acquière non seulement une habitude de faire, mais qu'il sache appliquer cette routine du métier à un sujet neuf qu'il graverait immédiatement d'après un autre sujet. Il convient pour cela qu'il soit éclairé par une théorie, qu'il analyse ce qu'il copie.

A côté de la théorie, à côté de l'étude du dessin, la pratique journalière de la gravure.

1re ANNÉE

Connaissance des outils : cuivre, burin (calibre des burins ; emmancher, aiguiser, dégrossir le burin), ébarboir, grattoir, brunissoir, règles parallèles, compas à repousser. — Manière de tenir le burin pour couper le cuivre. — Premiers éléments de gravure au burin, à la pointe sèche. — Dessin d'après les objets usuels.

Études à la pointe sèche et au burin. — Gravures copiées et interprétation. — Composition.

2e ANNÉE

Vernir une planche au vernis mou, au vernis dur. — Noircir le vernis. — Préparation pour calquer. — Exercices pratiques pour calquer un dessin, le porter sur le vernis et en couper la silhouette au burin. — Dessins variés, masques, fragments d'après l'antique et la nature, ornements, figures. etc.

3ᵉ ANNÉE

Continuation de l'étude du dessin. — Ensemble d'après l'antique. — Tailles parallèles et rentrées sur lesquelles on passera des secondes et des troisièmes. — Gravure carrée. — Grain de gravure losange. — Gravure serrée, gravure large. — Exercices pratiques pour couper au burin avec une seule taille parallèle. jouant sur les formes, un sujet décoratif, un portrait. — Inconvénient des tailles trop losanges. — Principes pour passer des troisièmes et des quatrièmes tailles sur deux tailles déjà établies. — Exercices pratiques pour graver au burin avec deux, trois et quatre tailles croisées. — Gravure d'après un dessin d'après nature fait par les élèves, et reproduit à l'eau-forte, au burin et à la pointe sèche combinés.

4ᵉ ANNÉE

Exercices pratiques d'après les plus célèbres graveurs. — Portraits, figures, paysages, animaux, par tous les moyens usuels : eau-forte, roulette et aquatinte. — La vignette gravée, considérée au point de vue du Livre.

Si nous pouvions obtenir pour notre cours quelques séances de modèle d'après nature, les progrès des élèves seraient encore plus sensibles, parce que c'est la base de tout enseignement et la pierre de touche de toute supériorité.

ATELIER D'IMPRESSION EN TAILLE-DOUCE

IMPRESSION EN TAILLE-DOUCE

Le but général du cours d'impression en taille-douce est de former des ouvriers capables de donner la reproduction de tous les chefs-d'œuvre des grands maîtres, tels que peintures, aquarelles, dessins au crayon, dessins à la plume, au fusain, de même que la photographie.

Cette impression se fait sur planches gravées au burin, à l'eau-forte ou de diverses autres façons, telles que manière noire, aquatinte et héliogravure; toutes ces gravures ou procédés s'impriment d'une manière différente.

Ce cours a pour but de supprimer le spécialiste et d'apprendre à l'élève, d'une manière approfondie, tous les systèmes d'impression, aussi bien d'ouvrages de ville que d'ouvrages de librairie et de luxe, s'imprimant en noir, en couleurs, au repérage, de cartes de visite, de mandats, de factures, de vignettes de sainteté, de cartes géographiques en noir et en couleurs au repérage, d'estampes, etc., en un mot tout ce qui concerne la profession.

1re ANNÉE

Description de la presse en taille-douce; sa construction, son usage et le maniement des outils accessoires.

Manière de monter la presse, de la régler provisoirement en traçant la table au moyen du blanc, puis définitivement en faisant épreuve.

Des différents noirs employés dans l'impression en taille-douce; leur préparation, leur valeur. — Qualité des huiles et des couleurs.

Manière de broyer pour que ces noirs et ces couleurs produisent. — Trempe des papiers, pâte et collé, papier vergé, papier de Hollande. — Préparation des chines français montés et volants.

2ᵉ ANNÉE

Manœuvre de la presse en taille-douce. — Différents procédés d'impression : au chiffon, à la main, au chiffon sec, avec teinte, sans teinte. — Impression et tirage *nature*. — Retroussage.

Différentes fabrications des noirs : noir au chiffon, noir pour l'eau-forte, les teintes, l'héliogravure, le burin, l'aquatinte, la photogravure et les cartes de visite.

Amalgame et coloration des tons pour l'impression des camaïeux. — Différentes manières d'encrage.

Tirage d'épreuves sur planches gravées : eau-forte, burin, manière noire, aquatinte, photogravure, héliogravure. — Factures, cartes de visite.

3ᵉ ANNÉE

Les premiers mois de la 3ᵉ année correspondent au travail de la 2ᵉ année, rendu progressivement plus difficile par le choix des planches à imprimer.

Planches de géographie en trois et quatre couleurs différentes. — Repérage à l'aiguille. — Trempe spéciale du papier.

4ᵉ ANNÉE

Récapitulation du travail des trois premières années.

Couleurs et travail à la poupée. — Impression sur papiers de luxe, tels que japon, satin, parchemin, chine-chine volant et appliqué, papier Wattman.

Manière de préparer ces différents papiers, étoffes ou peaux.

ATELIER DE RELIURE

RELIURE

. Le but général du cours de reliure est de former des ouvriers connaissant toutes les parties de la reliure, de manière à pouvoir faire n'importe quel travail au bout des quatre années passées à l'atelier, quitte à se spécialiser en sortant de l'École.

1re ANNÉE

Demi-reliure dos toile et basane. — Demi-reliure à la Bradel, dos toile et basane. — Demi-reliure dos chagrin, faux nerfs. — Couture sur ficelles et sur rubans.

2e ANNÉE

Demi-reliure dos chagrin à nerfs. — Demi-reliure Bradel demi-toile à coins, cousue sur rubans. — Demi-reliure dos chagrin, tête rognée, ébarbée. — Montage de cartes, gravures, etc., sur onglets. — Demi-reliure dos chagrin et veau, tranches jaspées et dorées. — Bradel toile pleine. — Demi-reliure dos chagrin, plats toile.

3e ANNÉE

Demi-reliure dos veau et maroquin du Levant, tête dorée, cousue sur ficelles. — Demi-reliure dos et coins veau. — Demi-reliure dos et coins maroquin du Levant, tête dorée, ébarbée, cousue sur ficelles. — Reliure pleine en basane, chagrin et veau, tête et tranches dorées. — Demi-reliure dos et coins maroquin du Levant, tête dorée, ébarbée, cousue sur nerfs. — Montage d'albums sur onglets de toile et de papier.

4e ANNÉE

Reliure pleine en basane blanche et veau blanc racinés, tranches dorées. — Reliure pleine en cuir de Russie, tranches dorées. — Reliure pleine en maroquin, cousue sur ficelles et sur nerfs, gardes peigne et soie. — Reliure pleine en maroquin du Cap et peau de truie, cousue sur nerfs, dorée sur fausses marges, charnières et doubles gardes en peau, contre-gardes en soie et en papier. — Étuis doublés peau de daim et bordés en peau.

ATELIER DE DORURE SUR CUIR

DORURE SUR CUIR

Le but de ce cours est de former des ouvriers connaissant toutes les branches de cette profession, laquelle consiste à agrémenter les livres à l'extérieur et à l'intérieur d'ornements à froid, en or et en mosaïque, soit à la main, soit à la machine.

Pour les élèves du *Circulus*, au commencement de chaque séance, nomenclature de l'outillage, explication des couronnes nobiliaires, des couleurs du blason et de leurs différentes coupes. — Conférence sur la dorure sur cuir.

1re ANNÉE

Filetage des dos : palettes, filets fins, demi-gras et filets gras sur peau de basane, le tout à froid. — Démonstration théorique et pratique pour pousser les fers genre Alde sur dos et plats. — Filetage des dos avec palettes, filets fins, gras et fins formant filets Alde, et alternés de fers genre Alde. — Manière de pousser les roulettes de filets différents sur plats poussés à froid.

2e ANNÉE

Dos tracés à froid. — Apprêt. — Couchure de l'argent et dorure sur dos et plats. — Notions de dessin pour la composition des dos et des plats de différents styles. — Commencement de dorure sur les livres fournis par l'atelier de reliure.

3e ANNÉE

Gaufrage au balancier et plaques en or. — Bordures composées sur plat. — Composition de dessins de styles différents. — Dorure sur les livres fournis par l'atelier de reliure.

4ᵉ ANNÉE

Parure de la peau pour la mosaïque et découpage à l'emporte-pièce et à la pointe. — Composition de dessins aux filets cintrés et exécution. — Dorure sur soie et velours. — Dorure des volumes fournis par l'atelier de reliure.

Nota. — Des cours complémentaires de *marbrure*, de *dorure sur tranches* et de *ciselure du cuir* sont faits une fois par semaine aux élèves relieurs et doreurs.

PHOTOGRAPHIE INDUSTRIELLE

Les élèves sont exercés, à l'atelier, sous les ordres de spécialistes, au détail des manipulations des divers procédés qui leur ont été décrits dans le cours théorique de photographie.

Le temps qui est laissé à ces travaux pratiques par les divers cours professés à l'École est d'environ trente heures par semaine.

Le nombre des professeurs techniques (actuellement trois) pourra être augmenté, pour tenir les élèves au courant des progrès incessants qui se font dans cette branche de l'industrie ; le temps que chacun d'eux passe à l'atelier est déterminé par l'importance *actuelle* du procédé qu'il enseigne.

On s'efforcera de faire comprendre aux élèves pourquoi tel ou tel mode de reproduction, qui donne d'excellents résultats, est supplanté par des procédés qui semblent inférieurs.

C'est qu'il faut bien comprendre que, dans l'industrie, il ne suffit pas seulement d'obtenir de bons résultats, il faut aussi que la préparation d'une planche ne nécessite pas trop de temps, ni des soins trop méticuleux. Ceci se traduit en effet par un prix très élevé, et cette seule considération suffit le plus souvent pour faire rejeter les méthodes trop longues employées autrefois. En un mot, le véritable procédé industriel doit être simple, donner des résultats sûrs et constants et par conséquent être rapide et bon marché.

Les efforts seront aussi portés vers les reproductions polychromes si travaillées à l'étranger en ce moment, mais cela seulement lorsque les élèves, parvenus en 4e année, posséderont bien les méthodes courantes et auront acquis les notions théoriques nécessaires pour aborder avec fruit cette question si complexe.

PHOTOGRAPHIE ET TIRAGES SUR PAPIERS SENSIBLES

Collodion humide.

1re ANNÉE

Mise à l'acide des verres et des glaces. — Nettoyage de ces glaces et du matériel photographique : cuvettes, flacons, etc. — Sensibilisation du papier albuminé et salé. — Mise au châssis du cliché.

2e ANNÉE

Mise au point du sujet (réduit ou agrandi au format). — Examen détaillé de la nature du sujet pour le choix du procédé de reproduction le plus avantageux à employer. — Étude pratique des divers papiers photographiques s'employant par développement ou virage. — Charbon. — Lavage, séchage et montage des épreuves. — Commencement de l'exécution des clichés.

3e et 4e ANNÉE

Exécution régulière des clichés pour la photographie pure, pour les reports sur bois, sur zinc, etc. — Préparation des plaques au collodion sec pour négatifs par contact. — Retouche, silhouettage et maquillage des clichés. — Étude théorique et pratique de l'éclairage du modèle sur nature.

Procédé sec : gélatino-bromure.

2e ANNÉE

Les élèves ne commencent l'étude de ce procédé qu'en 2e année. Premières notions sur les divers développements. — Emploi de plaques de différentes fabrications. — Positifs par contact et à la chambre.

ATELIER DE PHOTOGRAPHIE ET PROCÉDÉS

3ᵉ et 4ᵉ ANNÉE

Notions plus complètes sur les développements. — Emploi de réducteurs et de renforçateurs. — Appréciation du temps de pose.

Les élèves font une sortie mensuelle pour exécuter des travaux à l'extérieur : paysages, architecture et instantanés.

En 4ᵉ année, les élèves étudieront d'une manière spéciale les procédés orthochromatiques, tant au collodion qu'au gélatino-bromure, ainsi que les divers écrans colorés employés pour l'obtention des épreuves monochromes.

PHOTOTYPOGRAVURE (trait et demi-teinte)

2ᵉ ANNÉE

Les élèves ne sont initiés aux divers procédés de phototypogravure qu'à partir de la 2ᵉ année, c'est-à-dire lorsqu'ils ont les connaissances photographiques indispensables et qu'ils ont déjà acquis une certaine habileté dans les manipulations.

Premières opérations simples : nettoyage des zincs, préparation de certains produits. — Exécution de clichés *de trait*. — Exécution de clichés *tramés*. — Transport sur métal par les diverses méthodes en usage : bitume de Judée, albumine bichromatée, papiers gélatinés, procédé émail, etc.

3ᵉ ANNÉE

Continuation des mêmes opérations, mais d'une exécution plus difficile. — Morsure des planches au trait sur zinc. — Morsure des planches de demi-teinte sur zinc et sur cuivre. — Retouche au burin, à la roulette, au brunissoir, etc.

4ᵉ ANNÉE

Résumé de tous les autres travaux avec plus de difficultés. — Étude théorique et pratique des clichés tramés. — Application spéciale du procédé de similigravure au tirage en trois couleurs. — Étude des encres grasses à employer dans ce but.

PHOTOCOLLOGRAPHIE

2ᵉ ANNÉE

Nettoyage des dalles pour le passage de la première couche avec notions pratiques sur la photocollographie. — Préparations et manipulations pratiques des solutions employées pour le passage de la première couche sur les dalles. — Notions et commencement d'impression.

3ᵉ et 4ᵉ ANNÉE

Préparation de la solution pour la sensibilisation des dalles et dessiccation à l'étuve. — Retournement de tous genres de clichés, tels que collodion, gélatine, caoutchouc, etc. — Insolation et impression des dalles.

HÉLIOGRAVURE

2ᵉ ANNÉE

Préparation de positifs sur verre par contact par les procédés secs (collodions secs divers, glaces spéciales ou gélatine).
Considérations pratiques sur les grains de résine. — Grainage d'une planche. — Choix de la gélatine. — Étude pratique de la morsure par le perchlorure (cas d'un seul cliché positif).

3ᵉ et 4ᵉ ANNÉE

Exécution complète du procédé dans le cas des trois positifs repérés. — Pose des grains de différentes grosseurs. — Étude de la con-

LAVABOS DU GRAND HALL

centration du bain de morsure suivant l'effet à obtenir. — Repérage des clichés. On insiste sur les divers procédés employés pour obtenir ce repérage exact. — Retouche de la planche gravée. — Encrage, choix de l'encre. — Précautions à prendre pendant le tirage.

Application de ce procédé à l'obtention d'épreuves en couleurs.

CHAPITRE IV

—

ORGANISATION MATÉRIELLE

ET FINANCIÈRE

COUR DE L'ÉCOLE

I

Situation hygiénique de l'École

L'École Estienne est située au sud de Paris, à l'angle du boulevard d'Italie et de la rue Abel-Hovelacque (ancienne rue de Gentilly), non loin de la mairie du XIIIe arrondissement et de la manufacture des Gobelins.

Plus éloignée du centre des industries du Livre que ne l'étaient les vieux bâtiments de la rue Vauquelin, ce qui nuit un peu au recrutement des élèves, elle est, par contre, admirablement placée au point de vue hygiénique. Bâtie sur une hauteur, aux flancs mêmes de l'ancienne Butte aux Cailles, qui dominait autrefois la Bièvre de ses moulins et de ses guinguettes, en bordure de deux voies, dont l'une, le boulevard d'Italie, est le plus spacieux des boulevards de Paris, isolée de toute construction sur les quatre faces de son rectangle, précédée d'un vaste jardin à la française qu'une grille monumentale sépare du boulevard, assainie par une cour intérieure plantée d'arbres, qu'entourent des bâtiments où l'air et la lumière pénètrent aussi à profusion, l'École du Livre a réellement un aspect imposant avec son pavillon de façade et ses deux grands bâtiments latéraux, du haut desquels la vue s'étend librement à l'horizon et embrasse tout le panorama sud-ouest de Paris.

Dès l'entrée du pavillon d'Administration, une longue galerie, qui prend jour sur le jardin et sur la cour, sert à la fois de salle des Pas-Perdus et d'Exposition permanente et relie toutes les salles du rez-de-chaussée aux ailes de droite et de gauche.

(Voir, pour la superficie de l'École, la description complète et la distribution des bâtiments, la partie du chapitre Ier qui traite de la « Construction de l'École ».)

II

Installation matérielle

L'installation de l'École Estienne au point de vue du mobilier scolaire et de l'outillage professionnel, aménagés d'après les données les plus modernes, ne laisse rien à désirer.

Le matériel de classe se compose, comme dans tous les établissements d'enseignement de la Ville de Paris, de livres, de cartes, de tableaux, de pupitres, de produits chimiques, d'appareils de physique et de collections diverses. Les salles de dessin et de modelage renferment, en outre du matériel spécial à ces cours, une fort belle collection de modèles en plâtre et divers albums de dessins.

Toutes les fournitures scolaires nécessaires aux élèves, telles que cahiers, papier à dessin, plumes, crayons, encre, etc., leur sont abondamment et gratuitement fournies.

Le matériel technique est installé dans tous les ateliers de l'École de façon à permettre aux élèves d'exécuter *tous les genres de travaux* que comporte la profession à laquelle ils se sont destinés.

Le matériel et l'outillage de chaque atelier sont ainsi composés :

1° FONDERIE EN CARACTÈRES. — Sept machines à fondre les caractères et les blancs (deux machines Universelle Foucher, du 5 au 14; une machine Universelle Foucher, du 16 au 28; une machine Universelle Foucher, du 30 au 72; une machine Foucher pour blancs, du 5 au 14 ; une machine Foucher pouvant fondre l'anglaise; une machine ancien modèle qui sert pour la démonstration);

Une série de moules à main pour faire de la démonstration et des travaux d'études ;

Une série de moules à lingots creux ;

Un moule à garnitures et un moule à interlignes;

Un moule à fondre des lames de filets et d'interlignes sur 1 mètre de longueur;

Une raboteuse marchant à la vapeur pour les filets et les interlignes de 1 mètre, dont on peut diminuer la course à $0^m,50$;

Une machine à couper des espaces;

Un rogne à interlignes et un rogne à garnitures;

Deux coupoirs justifieurs et des rabots pour lettres et blancs;

Des composteurs en bois en quantité pour recevoir les caractères fondus;

Un étau pour réparation des machines et justification de matrices, des typomètres, des justifications, des jetons, des composteurs d'apprêt, des pierres d'émeri, des scies, des marteaux, des cuillers, des pochons, des haies de mur et de table, des fourneaux à fondre et des chaudières;

Des séries de poinçons et de matrices de caractères divers, du 5 au 36; des séries de poinçons et de matrices de vignettes, du 6 au 72;

Et enfin tout le petit outillage accessoire propre à chaque élève et conforme à celui des ouvriers dans les fonderies de l'industrie privée.

2° ATELIER DE COMPOSITION TYPOGRAPHIQUE. — Quarante-six rangs en fonte, environ six cents casses et casseaux de caractères courants, de fantaisie, de vignettes, six grands marbres en fonte, des bardeaux pour réserve de caractères courants, des rangs, rayons et casses pour matériel d'affiches, des rangs, casses, casseaux et rayons pour filets, vignettes, caractères de fantaisie, etc., des casiers à lingots-garnitures, des casiers à interlignes, une presse à épreuves, une scie à justification; bref, un mobilier d'atelier des plus commodes et des mieux appropriés. De plus, chaque élève a son petit outillage personnel : composteur, pinces, galées, etc.

Une série de châssis et de ramettes allant de l'in-8° au double raisin existe dans l'atelier.

Trois coupoirs-biseautiers, derniers modèles Peignot et Derriey, servent aux élèves pour le travail de filets.

Un monte-charge, correspondant avec l'atelier d'impression, est installé pour la descente et la remonte des formes.

L'espace réservé entre les places des élèves est largement distribué, de façon que leurs mouvements et leur circulation ne soient gênés en rien. L'air et la clarté sont à profusion, comme du reste dans tous les ateliers de l'École.

Chaque année, de nouveaux caractères et vignettes sont achetés dans les différentes fonderies, afin de tenir constamment les élèves au courant des modes et des progrès nouveaux de l'imprimerie.

De grandes quantités de modèles et de spécimens, provenant des principales imprimeries de France et de l'étranger, permettent aux élèves de se former au goût et à la connaissance des différents styles de la typographie moderne.

Des ouvrages techniques, leur donnant la théorie complète du métier, sont en main de chacun d'eux.

En outre, tous les dictionnaires français (Littré, Larousse, etc.) et étrangers sont à leur disposition.

En un mot, c'est l'atelier complet et réel, tel qu'il est compris dans les bonnes imprimeries de l'industrie privée.

3° Clicherie et galvanoplastie. — Deux grands marbres avec ais et tiroirs ; un assortiment de châssis à vis ; plusieurs rangées de galées, où sont alignées par séries les garnitures en fer coupées sur longueurs graduées; divers accessoires d'imposition; un établi où sont placés les ustensiles nécessaires à la confection et à l'entretien des flans.

Le marbre du moulage est placé sur un pied robuste, monté sur galets en fonte, qui permet de glisser les formes sur la presse à sécher, chauffée par le gaz. Cette presse, à platine supérieure coulissante, est utilisée pour le doublage des galvanos.

Une chaudière contenant 300 kilogrammes de métal, pourvue de sa hotte d'émanations, sert pour la fonte des clichés. Les clichés minces ou en matière pleine sont fondus dans un moule à bascule à contrepoids, d'un maniement facile.

Un moule à noyaux est destiné à la fonte des clichés d'annonces et des blocs pour le tirage des clichés à biseaux. Un moule à mots et un petit moule à noyaux servent pour le montage des vignettes et des gravures de petit format.

Les machines pour le façonnage des clichés, des galvanos, des blocs et des bois sont : une scie à ruban à pédale, une scie circulaire à vapeur, un tour à chariot automatique ; une scie alternative, actionnée par le moteur, sert au découpage des passe-partout, des lettres d'affiches, etc.

Chaque élève a sa place d'établi avec un bloc à échopper, un appareil pour l'éclairage et une prise de gaz à laquelle s'adapte le tuyau de caoutchouc du fer à souder pour la correction.

Chaque place est pourvue d'un tiroir contenant les ciseaux, les échoppes, les justifications, les onglettes et, en somme, tout le petit outillage confié personnellement à chaque élève.

Sur un grand établi sont disposés le marbre à dresser les galvanos, les rabotoirs, les rabots et les biseautoirs pour le façonnage des clichés, des blocs et des bois.

A côté de cet établi se trouvent le moule et la pierre à l'huile.

Un matériel d'imposition est spécial à la galvanoplastie. Les garnitures sont d'un profil qui simplifie le façonnage des empreintes et évite la mise en baguettes pour le doublage des coquilles.

Suivant les besoins, on façonne les boîtes et les plaques de formats variés dans lesquelles on coule la cire pour le moulage. La cire est fondue dans un bain-marie chauffé au gaz. Un second bain-marie sert à la préparation de la gutta-percha.

La fonte du métal à clamer les coquilles et du métal à doubler se fait sur des fourneaux chauffés au gaz.

Les empreintes sont prises avec une presse à genouillère de grande puissance.

Le relevage des blancs avant la mise au bain est opéré avec un fer à relever chauffé au gaz.

Le laboratoire de galvanoplastie comprend deux sortes de bains pour les reproductions galvanoplastiques : le bain simple (pile Daniell) et le bain composé à anodes solubles, qui reçoit le courant soit d'une batterie zinc et charbon, qui lui est parallèle, soit des accumulateurs qui sont placés dans un petit local à côté.

Un grand tableau de marbre blanc, sur lequel se trouvent les appareils de mesure, voltmètre et ampèremètre, porte des manettes avec lesquelles on groupe les éléments et on les met en charge ou en décharge. Sur ce tableau se trouvent également le disjoncteur et le coupe-circuit.

La galvanoplastie contient aussi des bains d'aciérage pour les planches en taille-douce, de nickelage et de laitonisage.

Une armoire spéciale renferme les anodes, les zincs, les crochets, les bornes, les produits chimiques, les verres à expériences, les éprouvettes graduées, les aréomètres, les galvanomètres, etc., nécessaires aux manipulations; des piles des différents systèmes employés industriellement servent aux démonstrations.

Une machine dynamo Gramme est employée à la charge des accumulateurs et à l'éclairage des lampes à arc pour la photographie; le courant est réglé par un tableau spécial portant les appareils de mesure et les rhéostats.

L'atelier possède également une presse spéciale pour la fabrication des clichés en caoutchouc, un petit matériel pour le clichage au plâtre, et les accessoires appropriés à la confection des clichés en celluloïd.

Des vitrines où sont exposés les travaux des élèves sont disposées autour de l'atelier.

4° Impression typographique. — Une machine en blanc double raisin Parrain, une machine à retiration double raisin Barre, une machine en blanc double raisin Marinoni, à distribution cylindrique, une machine à retiration double jésus Marinoni;

Un système de transmission en l'air pour actionner les machines;

Deux presses à bras jésus Stanhope, une presse à bras raisin Stanhope, une presse à bras raisin Boildieu, quatre presses à bras carré Boildieu, sept petites presses à bras quart raisin pour le *Circulus* et la 1re année;

Une minerve Berthier demi-coquille, une minerve Marinoni demi-coquille, une minerve Voirin in-4° raisin;

Une presse à satiner avec cinq cents cartons lisses;

Une cisaille à couper le papier et le carton;

Des bancs de presses et des tables, des rouleaux de rechange et tout le petit outillage individuel que comporte l'impression typographique pour chaque élève.

5° Dessin lithographique. — Chaque élève a sa table faite pour les besoins de la profession, table munie de tasseaux mécaniques, de tiroirs nombreux et profonds, dans lesquels se placent les outils à eux confiés : boîte de compas, règle, équerre, encrier, loupe, porte-plume, etc.

Indépendamment des tables individuelles, une grande table reçoit les pierres qui sont exposées pour le plus grand bien des élèves. La préparation des pierres se fait aussi sur cette table.

Une presse lithographique est aussi montée dans l'atelier pour la démonstration et l'obtention sur place d'épreuves, à des moments à déterminer, afin que le professeur de dessin lithographique assiste aux essais de certains travaux spéciaux, entouré de tous ses élèves. Pareil résultat ne pourrait être obtenu sans inconvénients, s'il fallait, pour ce faire, descendre à l'atelier d'impression.

Deux chevalets, deux grandes armoires et trois cartonniers reçoivent tous les documents qui sont fournis en abondance.

Une chaufferette à gaz permet de chauffer les pierres, qui ne pourraient être employées telles qu'elles arrivent de l'atelier d'impression.

Un lavabo attenant à l'atelier permet aussi de faire tous les nettoyages d'encriers et le lavage des mains.

6° GRAVURE SUR PIERRE. — Une machine à griser de Landa, très complète, avec laquelle on reproduit, en outre des lignes droites parallèles, des moirés, des soleils, des médailles et des vignettes par le relief; les élèves sont ainsi initiés à tous les genres de travaux obtenus par la machine. Celle-ci repose sur une table spéciale en chêne, très solidement établie afin d'éviter les trépidations du plancher et pourvue d'un tiroir renfermant les outils mobiles de la machine. L'espace autour est grand, de sorte que l'élève qui y travaille n'est nullement gêné.

Chaque élève a une table largement espacée des tables voisines et tous les outils nécessaires au graveur, c'est-à-dire pointe, échoppe, compas à tracer et à graver, équerre, règle, loupe, boîte de fourchettes, blaireau, pierre à l'huile, planche à dessin, planchette et tasseaux, etc.

Deux casiers subdivisés sont fixés au mur pour y abriter les pierres sur lesquelles il y a des travaux en cours d'exécution.

L'atelier possède, en outre, un laboratoire servant à la préparation et à l'encrage des pierres ; un réchaud à gaz pour tenir les pierres légèrement chauffées ; un lavabo où les élèves peuvent se nettoyer après certaines manipulations ; une armoire renfermant les produits utilisés pour la préparation des pierres et des travaux d'eau-forte.

Une grande quantité de documents gradués et de modèles de tous les genres de travaux anciens et modernes des principales lithographies sont également à la disposition des élèves, afin qu'en les analysant ils puissent se former le goût et acquérir les moyens nécessaires à la composition et au bon arrangement de leurs travaux.

L'atelier est du reste remarquable, étant supérieurement éclairé par six vastes fenêtres ; le plafond en est très élevé ; l'air et la lumière y sont abondants.

7° ÉCRITURE LITHOGRAPHIQUE. — Des tables en chêne, dont la parfaite construction assure l'immobilité ; un châssis vertical fixé à l'extrémité gauche de la table est destiné à recevoir les modèles ; chaque table possède trois tiroirs pour le rangement des outils, modèles, épreuves, etc. ;

Des planchettes, des tasseaux de différents calibres et des tabourets.

L'atelier possède en outre une armoire dans laquelle sont placés les fournitures, les épreuves, les documents, les modèles, les cartons, les planches à dessin, etc.

Une fontaine est installée dans l'atelier pour le lavage des mains après chaque manipulation.

Deux grands casiers fixés au mur reçoivent les pierres.

L'élève a en plus son outillage particulier, comprenant : une pochette d'écrivain lithographe, qui renferme trois compas de grandeurs différentes, deux tire-lignes et une paire de ciseaux ; une règle et une équerre, un encrier lithographique, des burins, des pointes, des porte-plume, des crayons, une planche à dessin, etc.

Des modèles, des spécimens, des documents d'ordre variable, choisis parmi les plus récents, offrent à l'élève les ressources nécessaires pour cultiver son goût, observer et connaître les progrès modernes.

8° Autographie. — Le matériel technique n'est pas installé dans un atelier spécial; il est rangé dans l'amphithéâtre où ont lieu les cours.

Ce matériel se compose principalement d'encriers, de planches à dessin et de produits spéciaux, de tables (une grande et une petite), de tabourets et de bancs de diverses hauteurs.

De plus, chaque élève possède passagèrement un petit outillage personnel (plumes, règles, compas, etc.), ce cours n'ayant lieu que deux fois par semaine.

L'espace réservé entre les élèves est largement distribué, de façon que leurs mouvements et leur circulation ne soient aucunement gênés.

L'air et la clarté existent à profusion.

Les modèles sont toujours et incessamment renouvelés, ainsi que l'outillage, afin de tenir constamment les élèves au courant des modes et des progrès nouveaux de l'autographie dans tous ses genres.

Des modèles très variés et des spécimens provenant des principales imprimeries permettent aux élèves de se former au goût et à la connaissance des différents genres de l'autographie moderne et de ses multiples applications.

9° Impression lithographique. — Une machine aigle Voirin, avec blocs à zinc, jeux de rouleaux et tous ses accessoires; une machine aigle Barre, avec jeux de rouleaux, blocs et accessoires; une machine colombier Voirin, avec jeux de rouleaux, blocs et accessoires;

Treize presses à bras complètes de différents formats avec leurs accessoires;

Environ cinq cents pierres allant du format colombier à l'in-4° raisin;

Deux cadres pour repérage, une machine à réductions, trois grainoirs;

Un coupe-papier à vapeur de très grand format;

Tout l'outillage accessoire : rouleaux à main, bourriquets, chariots, tamis, règles, limes, poignées, roulettes, couteaux, planches à piquer, compas, ciseaux, tampons pour la gravure sur pierre, tables, armoires, réserves d'encres noires et de couleur, couleurs en bocaux, vernis, etc., etc.

De nombreux spécimens d'impressions en noir et en couleurs, provenant des premières imprimeries lithographiques de France et de l'étranger, et constamment renouvelés, initient les élèves aux différents genres adoptés par la lithographie moderne.

En outre, chaque élève a son petit outillage personnel, tel que peut l'avoir n'importe quel ouvrier dans une lithographie de l'industrie privée.

10° GRAVURE SUR BOIS. — 11° GRAVURE EN TAILLE-DOUCE. — Le matériel technique de ces deux ateliers est peu important. En dehors des modèles de toute nature, renfermés dans des armoires, il ne comprend guère que des tables communes et fixes, un petit pupitre non fixé pour chaque élève, un tabouret, un chevalet ordinaire, un petit chevalet porte-modèle, un châssis, une glace, une meule, quelques pierres à aiguiser, grises et jaunes (pierre du Levant, pierre à rasoir), des flacons d'eaux-fortes (acide azotique, perchlorure de fer), des pèse-acide, des cuvettes et divers produits.

L'outillage se compose de burins (losanges, carrés) emmanchés (manche sans fin), de grattoirs, de brunissoirs, de pierres d'émeri, de papier d'émeri, de petits pinceaux, de cuivres, de bois, etc.

12° GRAVURE EN RELIEF. — Échoppes et burins, coussins pleins et coussins couronne, compas en acier, réglettes en acier, pointes brunissoirs, porte-loupe, meule, burette à huile, pierres à l'huile, lampe à alcool, brosses de graveur, manches universels, rouleaux à encrer, couteaux à palette, double décimètre, équerres, règles plates, grands brunissoirs, limes d'étaux, équerre en fer, T à pente, casserole, pince plate, pince coupante, poignées en fonte, scies à cuivre, tas en acier, gros marteaux, chevilles, drille, boîte à compas, petites limes, lignomètre, calibres doubles et simples, jetons, pierres d'émeri, loupes, équerres à polir, chevalets, ciseaux à froid, marteaux de ciseleur, planchettes, petits étaux à main, tournevis, cadres pour épreuves, tampon à vernir, lampes électriques, compas de proportion, lentilles en verre, cartons à dessin, cuvette de porcelaine, godets, forge à gaz, brunissoir en os, planche à dessin avec T fixateur, marteaux à champlever, etc., etc., et, en général, tout le petit outillage et les accessoires nécessaires au graveur en relief.

L'ensemble du matériel mis à la disposition des élèves est celui employé aujourd'hui dans les meilleurs ateliers parisiens. Ce matériel est toujours tenu au courant des progrès, à mesure qu'il s'en produit.

13° IMPRESSION EN TAILLE-DOUCE. — Une presse mécanique, sept presses à bras, un établi garni de sept réchauds, douze marbres au noir, une presse à percussion;

En outre, tout l'outillage accessoire : baquet, tables, molettes, poids, pierres à aiguiser, couteaux à papier, tas, cercles d'acier, règles, équerres, couteaux à broyer, raclettes, porte-blancs, tampons, ébarboirs, brunissoirs, épingles, loupes, lissoirs, compas, limes, charges de langes de tous genres, cisailles, étau, etc., etc.

Chaque élève a, personnellement, son petit outillage comme dans l'industrie privée.

14° RELIURE. — Deux coupe-papier avec cinq lames de rechange, un laminoir, une machine à grecquer, deux cisailles, un rouleau à endosser, une perforeuse, deux étaux à endosser, quatre presses à rogner, trois presses à percussion, trois fourreaux à rabaisser, une meule, deux paires d'ais à endosser;

Deux grandes tables de 4 mètres de long sur 1^m,75 de large, une table de 2^m,50 sur 0^m,68, une table de 1^m,30 sur 1 mètre;

Des armoires contenant de nombreux spécimens de différents genres de reliure;

En outre, tout le petit matériel nécessaire aux relieurs : plioirs, chevillettes, couteaux à rogner, grandes et petites pointes à rabaisser, compas, ciseaux, poinçons, règles, couteaux à parer, grattoirs, frottoirs, griffes, pince-nerfs, dents à brunir, marteaux à endosser, fers à fileter, fers à polir, grecques, râpes, limes, équerres, pierres à parer, jattes à colle forte avec appareils à gaz, pinceaux divers, grilles et brosses à jasper, presses à tranche-fil, marteaux à battre, clefs et tournevis, cousoirs, marbres à battre, plaques en cuivre argenté, etc., etc.; tous ces outils en quantité suffisante pour que tous les élèves, quel que soit le genre de travail, puissent simultanément se servir des mêmes outils qui leur seraient nécessaires.

15° Dorure sur cuir. — Trois tables à dorer, une presse en fer, un balancier, une meule, vingt-deux fourneaux à dorer, un fourneau à colle forte, un fourneau à gaz, douze cents fers à dorer, quarante-huit roulettes, vingt emporte-pièce, vingt-quatre composteurs, deux jeux de chiffres, une presse de dorure sur tranches, trois presses à main, un étau à pied, un fourneau à fondre l'or, quarante plaques pour balanciers, quatre billots pour les plats, planches à bordures, dos en bois, cadres, planches rondes et en biais, couteaux à or, huiliers, fers à polir, etc., en quantité suffisante pour tous les élèves;

Une bibliothèque, des armoires, des casiers, des chaises, des tabourets, etc.;

Enfin l'outillage et les accessoires nécessaires pour exécuter tous les travaux de dorure, de ciselure du cuir, de mosaïque, d'incrustations, etc., que comporte le métier de doreur dans ses différentes parties.

16° Marbrure. — Un baquet pour bain de gomme, une herse, un râteau, un tamis, une pierre pour le broyage des couleurs, une table, des étendoirs, des pots et des pinceaux de toutes formes, des couleurs et des produits, enfin tout ce qui est nécessaire à la démonstration théorique et pratique de cette profession.

17° Dorure sur tranches. — Six boîtes porte-presse, une mise en presse, neuf agates à brunir, divers grattoirs, un casier, divers ais, depuis l'in-32 jusqu'à l'in-folio, deux coussins, deux couteaux, une meule, une table.

18° Photographie. — Six appareils photographiques et porte-modèles 18×24, deux mêmes appareils 30×40;

Un appareil spécial pour similigravure 40×40, avec châssis négatif et une trousse d'objectifs;

Un appareil photographique pouvant donner directement des clichés 100×110;

Deux pupitres à retouches avec pinceaux et loupes, et châssis positifs de toutes dimensions ;

Marbres à chauffer, presse phototypique, étuve phototypique, cuve photographique, quatre cuves à morsures ;

Cuves à acide et à potasse, tournettes pour photogravure, etc.,

Et en quantité nécessaire tous les produits accessoires utilisés pour la photographie, la phototypie, la photogravure.

De même, chaque élève dispose de tout le petit outillage complémentaire.

III

Bibliothèque — Collections

La Bibliothèque, avec ses livres et ses collections, est, surtout dans une École du Livre, le complément naturel et nécessaire du matériel d'enseignement.

La Bibliothèque de l'École Estienne se compose de deux parties distinctes : le *fonds Alkan*, provenant d'un legs fait à l'École par les héritiers de M. Alkan, imprimeur-éditeur, et le *nouveau fonds*, comprenant des legs divers, des dons et les acquisitions faites par l'École.

Le fonds Alkan et une partie du nouveau fonds sont entrés à l'École dès l'époque de la fondation, et, depuis cette époque, des entrées nouvelles ont porté le nombre des volumes de la Bibliothèque à près de deux mille.

Un catalogue, en préparation, a reçu une division en sections appropriée à la destination spéciale de la Bibliothèque Estienne. En voici l'énumération :

I. BIBLIOGRAPHIE. OUVRAGES GÉNÉRAUX. — Dictionnaires. Ouvrages encyclopédiques. Bibliographie. Biographie. Règlements, lois, rapports, mémoires juridiques. Prix courants et catalogues (*sauf les Spécimens, faisant une classe à part*).

II. ÉCRITURE. MATIÈRES DESTINÉES A L'ÉCRITURE. — Écriture. Matières diverses. Papeterie.

III. EXÉCUTION DU LIVRE. — Le Livre manuscrit. Le Livre imprimé : histoire de l'imprimerie ; ouvrages relatifs aux divers centenaires ; monographies ; manuels et traités généraux ; outillage ; spécimens de fonderie ; composition, correction, imposition, tirage ; fonderie, stéréotypie, polytypie, électrotypie, galvanoplastie ; types d'impressions du xve au xixe siècle.

BIBLIOTHÈQUE

IV. Illustration du Livre. — Histoire de la gravure. Ouvrages techniques sur la gravure. Lithographie. Histoire des procédés. Ouvrages techniques sur la photographie et les procédés.

V. Reliure et Dorure. — Histoire de la reliure. Ouvrages techniques.

VI. Ouvrages divers. Lettres. Sciences. Arts. — Littérature. Histoire. Géographie. Beaux-arts. Sciences. Enseignement et éducation.

VII. Annuaires et périodiques. — Annuaires. Journaux. Revues.

VIII. Manuscrits divers.

Parmi les livres formant la Bibliothèque Estienne, il est juste de signaler une fort belle collection de *Spécimens de fonderie*, composée de plus de deux cent cinquante volumes ; une belle série d'ouvrages sur l'histoire de l'imprimerie ; une collection intéressante et rare concernant les différents centenaires de l'invention de l'imprimerie, etc.

Enfin la Bibliothèque est complétée par une série nombreuse de volumes de lecture, mise à la disposition des élèves, sous certaines conditions.

La Bibliothèque est ouverte tous les jours, de 2 heures à 5 heures, au personnel de l'Ecole.

Collections diverses. — L'École Estienne n'a pas de musée proprement dit. Toutefois, à côté de l'Exposition permanente des spécimens de travaux exécutés dans les divers ateliers, qui se trouve dans la vaste galerie d'entrée, elle possède un certain nombre d'objets anciens, offerts par diverses personnes. Ces objets : vieilles presses, machines à fondre, moules anciens, fers, reliures, etc., constituent un début de collection, qui formera un jour un petit musée d'un intérêt incontestable.

A cette collection s'ajoute une série de cent trente-trois médailles typographiques, offertes à l'École par les héritiers de M. Alkan ; une collection d'environ cinq cents gravures données ou achetées (gravures au burin, eaux-fortes, gravures sur bois, dessins lithographiques en noir ou en couleurs, photographies, etc.), dont quelques-unes avec les planches originales ou les pierres lithographiques signées Gavarni, Cham, Bellangé ; une centaine de tableaux encadrés de même nature; enfin onze bustes ou médaillons des grands hommes du Livre.

Il est souhaitable que l'exemple de la libéralité de la famille Alkan et des autres donateurs soit suivi; l'École Estienne étant en effet un véritable centre pour les arts et les industries du Livre, il serait bon que dans ses collections vinssent se réunir tous les spécimens de la typographie moderne et ceux de la typographie ancienne. Ainsi l'École Estienne, possédant les types des anciennes impressions et enseignant à ses élèves les formules artistiques les plus nouvelles, remplirait absolument la haute mission que lui a confiée le Conseil municipal de la Ville de Paris.

GALERIE VESTIBULE.

IV

Force motrice — Chauffage — Éclairage

Force motrice. — La force motrice, l'éclairage électrique et le chauffage des ateliers sont assurés au moyen de deux générateurs à vapeur et d'une machine à vapeur de la force de 20 chevaux, installés dans le sous-sol du hall des machines.

La force motrice est communiquée aux presses mécaniques et aux machines-outils des ateliers par 60 mètres de transmissions munies d'appareils perfectionnés. Trois débrayages instantanés (système Piat), notamment, ont été installés à la fonderie, à l'atelier d'impression lithographique et à l'atelier d'impression typographique, dans le but d'éviter les accidents.

Chauffage. — Divers appareils (système Grouvelle) pour la conduite et la distribution de la vapeur et le retour d'eau permettent de chauffer suffisamment tous les ateliers.

Quant aux locaux du bâtiment d'Administration, c'est un système de chauffage à eau, à petit volume et à circulation rapide, dit microsiphon, qui en assure le service.

Un calorifère en briques a été construit à cet effet dans les sous-sols de ce bâtiment.

Éclairage. — Deux systèmes d'éclairage existent à l'École : l'éclairage électrique et l'éclairage au gaz.

L'éclairage électrique est obtenu :

1° Par une machine dynamo-électrique de 110 volts et 120 ampères, avec tableau de distribution et tous les accessoires, qui alimente une batterie de soixante accumulateurs et trois cent vingt lampes à incandescence de 10 bougies;

2° Par une petite machine dynamo, avec tableau de distribution et accessoires, qui alimente une batterie d'accumulateurs dans l'atelier de galvanoplastie, deux lampes à arc pour l'éclairage du hall et deux lampes à arc pour le service de la photographie.

L'éclairage au gaz a lieu au moyen de quatre cents becs de différentes sortes répartis dans tout l'établissement.

RÉFECTOIRE

V

Cantine

Bien que le régime de l'École Estienne soit l'externat, une cantine y est installée qui fournit gratuitement aux élèves, avons-nous dit, le déjeuner de midi et le goûter.

Seuls, les élèves de la banlieue, au nombre d'une dizaine, versent une somme de 50 centimes par jour pour les deux repas. Néanmoins, le Conseil général de la Seine accorde des bourses de déjeuner aux enfants de la banlieue dont les familles sont nécessiteuses.

Les aliments, servis en abondance, sont des plus sains et aussi variés que possible. Le menu du déjeuner est du reste renouvelé chaque semaine par l'Agent comptable et approuvé par le Directeur. Il se compose tantôt d'un potage ou d'un hors-d'œuvre et de deux plats : un plat de viande et un plat de légumes ; tantôt des deux plats et d'un dessert. Chaque élève reçoit en outre un carafon de vin d'une contenance de 25 centilitres.

Quant au goûter, il se compose d'un morceau de pain frais.

Matériel de cantine. — Le matériel de cantine comprend :

1° Dans la cuisine : un grand fourneau central en fonte avec tous ses accessoires ; une batterie de cuisine en cuivre, en fer battu étamé ou en tôle galvanisée, et tout le matériel ordinaire de cantine : vaisselle, verrerie, brocs, etc. ;

2° Dans le réfectoire : vingt-six tables en marbre sur pieds en fonte, avec bancs attenants ;

3° Dans l'office située au sous-sol : un monte-charge pour transporter les provisions au rez-de-chaussée et tout le matériel d'office : bascule, balances, caisses, paniers, etc.

VI

Matériel divers

Magasins. — Les magasins de l'École sont au nombre de trois : l'un d'eux est réservé aux papiers d'impression et aux cartons pour la reliure ; un autre, constituant un pavillon isolé, renferme les produits chimiques et les matières inflammables ; le troisième, ou magasin principal, contient les matières premières et le petit outillage nécessaire aux ateliers, les livres et les fournitures scolaires indispensables aux cours théoriques ; enfin, quelques-uns des produits fabriqués à l'École.

Appareils de gymnastique. — Le matériel pour les exercices physiques, lesquels n'ont pas été supprimés à l'École, à cause du métier sédentaire dont près de la moitié des élèves font l'apprentissage, se compose : 1° de cent fusils Gras petit modèle, servant aux exercices militaires ; 2° de barres parallèles, de barres à sphères, d'haltères, de massues, etc.

Service d'incendie. — Dix-neuf postes d'incendie sont installés dans les différentes parties de l'École ; ils comprennent chacun un jeu de tuyaux de 30 mètres de long et tous les accessoires : lances, haches, etc.

En outre, plusieurs paratonnerres protègent les quatre bâtiments de l'École.

Mobilier des bureaux. — La salle du Conseil, qui sert également de salle de bibliothèque, le cabinet du Directeur et ceux du Surveillant général, de l'Agent comptable et du Chef des travaux sont enfin pourvus de tout ce qui constitue ordinairement un mobilier de bureau : tables, bibliothèques, cartonniers, vitrines, tableaux, garnitures de cheminée, sièges, etc.

VII

Service médical

Il n'existe pas à l'École Estienne de service médical proprement dit, comme du reste dans tous les externats. Toutefois, un médecin inspecteur est attaché à l'établissement ; ses fonctions consistent à s'assurer par des visites fréquentes :

1° Que les locaux scolaires sont parfaitement sains ;

2° Que les prescriptions hygiéniques sont exactement appliquées ;

3° Qu'aucune maladie épidémique ne règne à l'École ;

4° Que les élèves nouvellement admis dans l'établissement ne sont atteints d'aucune affection ayant un caractère contagieux et réunissent les conditions physiques pour pouvoir prendre part aux travaux manuels.

Le médecin est en outre appelé, en cas d'accident, pour donner les premiers soins aux élèves blessés, avant leur transport à l'hôpital ou chez leurs parents.

Il doit enfin, sur un avis de l'Administration de l'École, se rendre auprès des fonctionnaires malades, pour s'assurer de leur état de santé et adresser ensuite un rapport au Directeur.

VIII

Budget

Conformément aux *Instructions sur le mode d'administration des crédits et de la comptabilité dans les Écoles professionnelles*, l'École Estienne est régie, en ce qui concerne les dépenses, les acquisitions, la consommation des fournitures, la conservation du mobilier et les payements, par le Directeur et par l'Agent comptable.

C'est ainsi que le Directeur engage les dépenses de matériel et détermine les objets à fournir, dans les limites budgétaires et les conditions réglementaires. Mais il n'ordonnance pas les payements, comme dans les établissements municipaux qui jouissent de leur autonomie financière.

De son côté, l'Agent comptable, en ce qui concerne les recettes, perçoit directement le produit des objets fabriqués à l'École, reçoit de la Caisse municipale les mandats concernant les payements qui peuvent être faits à l'École (traitements du personnel, dépenses de la cantine) ; mais il est tenu de reverser à la Caisse municipale le montant des recettes effectuées, ainsi que les reliquats des sommes perçues pour divers payements. En ce qui concerne les dépenses, en dehors du payement des traitements et des factures des fournisseurs de la cantine, l'Agent comptable ne fait qu'enregistrer et viser les bons, états et engagements de dépenses, qui sont ensuite transmis à la Direction de l'Enseignement, à la Préfecture de la Seine. Les fournisseurs sont donc payés directement par l'Administration centrale.

Le budget de l'École Estienne se divise en deux parties distinctes : Recettes, Dépenses.

Mais le chapitre *Recettes* n'est inscrit en somme que pour ordre, les objets fabriqués : petites impressions, reliures, etc., dont le produit est perçu par l'Agent comptable, ne représentant chaque année qu'une somme d'environ 6.000 francs. La formule adoptée en France pour l'enseignement professionnel étant : *l'atelier complétant l'école*, au lieu de : *le cours théorique complétant l'atelier*, qui est celle de certains pays étrangers, notamment de l'Angleterre et de l'Amérique, il ne faut pas s'étonner que le principe admis à l'École Estienne soit que les élèves ne doivent pas produire, ce qui nuirait essentiellement à la variété des études techniques.

En dehors des recettes provenant des produits fabriqués, l'École reçoit encore de divers groupes de personnes ou Associations, surtout à l'époque des distributions de prix, des dons nombreux d'outillage, de livres et d'argent.

Mais, comme toutes ces ressources réunies ne permettent de faire face aux dépenses que dans une faible proportion, la Ville de Paris assure tous les ans à l'École une importante dotation.

Le premier budget normal qui fut voté par le Conseil municipal est celui de 1890. Avant cette année-là, diverses sommes avaient été inscrites au budget de l'École : 50.000 francs en 1888 et 100.000 francs en 1889 ; mais, l'École n'ayant été ouverte qu'au mois de novembre 1889, ces sommes ne furent pas employées ou ne le furent que partiellement.

Avant de donner la liste des différents budgets de l'École depuis dix ans, il y a lieu de faire remarquer que, pendant les années 1889, 1890, 1891, 1892, l'École n'était pas de plein exercice. Ce n'est, en effet, qu'à partir de 1893 que l'enseignement a compris quatre années. L'effectif des élèves a donc à peu près triplé depuis l'année 1889, ce qui, en outre des améliorations successives apportées à l'enseignement, a nécessité des augmentations de crédits.

Néanmoins, comme il est aisé de le constater en comparant les chiffres ci-après, les dépenses n'ont pas suivi une progression proportionnellement ascendante, grâce aux traditions de stricte économie qui se sont établies à l'École et qui ont permis, en outre, à la fin de plusieurs exercices, de présenter des excédents disponibles.

Voici, au surplus, le résumé des budgets des différents exercices depuis dix ans, c'est-à-dire depuis la fondation de l'École :

Années	RECETTES Évaluations	DÉPENSES PERSONNEL	MATÉRIEL	Cours du soir Personnel	Cours du soir Matériel	Crédits supplém[**]	TOTAUX	OBSERVATIONS
	Fr.	Fr.	Fr.	Fr.	Fr.	Fr.	Fr.	
1888	»	»	»	»	»	»	50.000 »	Rapporteur, M. Cusset. — L'École n'ayant été ouverte que le 20 novembre 1889, cette somme prévue pour le 4º trimestre n'a pas reçu d'emploi, sauf 3.600 francs.
1889	»	»	»	»	»	»	100.000 »	Rapporteur, M. Delhomme. — Pour la même raison, ce crédit n'a été employé que particllement.
1890	»	111.100 »	149.900	7.600	9.050	»	237.650 »	Rapporteur, M. Delhomme.
1891	10.000	116.400 »	78.500	8.450	2.325	»	205.675 »	Id. Id.
1892	400	116.650 »	88.400	6.100	2.325	»	213.475 »	Id. M. Blondel.
1893	5.000	132.925 »	85.005	6.100	1.200	»	225.230 »	Id. Id.
1894	6.000	133.425 »	83.950	7.150	600	»	225.125 »	Id. M. Lampué.
1895	6.000	136.325 »	91.030	7.150	600	450	235.555 »	Id. Id.
1896	6.000	141.488 »	81.530	7.400	600	»	231.018 »	Id. Id.
1897	6.000	143.987 50	79.230	7.400	600	»	231.217 50	Id. Id.
1898	6.000	143.387 50	81.805	6.750	600	2.000	234.542 50	Id. Id.

EFFECTIFS DES ÉLÈVES

Années	Cours du jour	Cours du soir	TOTAUX	Années	Cours du jour	Cours du soir	TOTAUX	Années	Cours du jour	Cours du soir	TOTAUX
1889	116	186	302	1893	231	197	428	1896	233	215	448
1890	195	190	385	1894	225	208	433	1897	244	266	510
1891	231	184	415	1895	218	218	436	1898	240	237	477
1892	275	183	458								

(Voir aux annexes le budget détaillé de 1899.)

ANNEXES DU CHAPITRE IV

LISTE DES DONATEURS

Liste des personnes ayant fait don à l'École de collections diverses en outillage et matériel pour les arts et industries du Livre (machines, presses, outils, caractères, matrices, moules, appareils photographiques, etc.).

MM.

- ALKAN fils, imprimeurs.
- BARRE, constructeur-mécanicien.
- BEAUDUIN, fondeur.
- BEAUDOIRE et Cie, fondeurs.
- BERTRAND, fabricant d'appareils typographiques.
- BOILDIEU, fabricant d'outillage d'imprimeur.
- CHAMBRE SYNDICALE typogr. parisienne.
- CONSEIL MUNICIPAL de Paris.
- DEBERNY et Cie, fondeurs.
- DURET et BERTHIER, fondeurs.
- EON, fondeur.
- FOUCHER frères, constructeurs.
- HÉNAFFE, fondeur, conseiller municipal.

MM.

- LAMPUÉ, conseiller municipal, président de la Commission de surveillance.
- LANGLOIS-MALLET, fondeurs.
- LESPINASSE et OLLIÈRE, fondeurs.
- LIGABUE, encadreur.
- MOTTEROZ, imprimeur.
- PARROT, imprimeur lithographe.
- RENAULT, fondeur.
- SELLA, constructeur-mécanicien.
- TULEU, fondeur.
- TURILLON, fabricant d'appareils photographiques.
- VIEL-CAZAL, graveur en relief.
- VIELLEMARD, imprimeur lithographe.

Liste des personnes ayant fait don à l'École de livres de bibliothèque.

MM.

- ALKAN fils, imprimeurs.
- ARTRU, chef des travaux à l'École Estienne.
- BEAUDOIRE et Cie, fondeurs.
- BELIN, éditeur.
- LE BOURGMESTRE d'Anvers.
- BOUSSMAER, ingénieur civil de l'imprimerie Danel, à Lille.
- BOUVENNE (Aglaüs), ingénieur.
- BRETON (Victor), professeur à l'École Estienne.
- CERCLE DE LA LIBRAIRIE.
- CHARAVAY, directeur du journal *l'Imprimerie*.
- CONSEIL MUNICIPAL de Paris.
- CUPÉRUS.
- DANEL, imprimeur à Lille.
- DEBERNY et Cie, fondeurs.
- DECAUVILLE, constructeur.
- DELAGRAVE, libraire-éditeur.
- DUMOULIN, éditeur.

MM.

- FONTAINE, directeur de l'École Estienne.
- FRAYSSINET, ancien directeur de l'École Estienne.
- GAUTHIER-VILLARS, libraire-imprimeur.
- GREFFIER, correcteur typographe.
- GRUEL, relieur.
- GUETTÉ, professeur à l'École Estienne.
- HACHETTE et Cie, libraires-éditeurs.
- HÉNAFFE, fondeur, conseiller municipal.
- KEUFER, délégué de la Fédération typographique.
- LANGLOIS-MALLET, fondeurs.
- LANIER, imprimeur.
- LEQUATRE, professeur à l'École Estienne.
- LEVASSEUR, libraire-éditeur.
- LORILLEUX, fabricant d'encres d'imprimerie.
- MAGNIER, relieur.
- MAGNUSKI, ancien directeur de l'École Estienne.
- MAINDRON, littérateur.

MM.
Marius-Michel, relieur.
Monet, conducteur typographe.
Morin, typographe.
Muller, imprimeur.
Nathan, libraire-éditeur.

MM.
Quentin-Bauchart, conseiller municipal.
Régamey, peintre, littérateur.
Renault, fondeur.
Simonis-Empis, éditeur.
Vamblotaque, libraire-éditeur.

Liste des personnes ayant fait don à l'École de collections diverses, tableaux enca-
drés, gravures, médailles, bustes, médaillons, pierres lithographiques origi-
nales, échantillons de papiers, etc.

MM.
Adam, artiste peintre.
Alkan fils, imprimeurs.
Ardail, graveur.
Barre, constructeur-mécanicien.
Baude, graveur.
Bellenger, graveur.
Berstron, de New-York, graveur sur bois.
Bertrand, dessinateur.
Boulin.
Brunet-Debaines.
Buhot (Félix), dessinateur.
Chalcographie du Louvre.
Conseil municipal de Paris.
Cottens, graveur.
Dantan, graveur sur bois.
Darblay, fabricant de papier.
Desaucourt, dessinateur, à Bruxelles.
Desé.
Detey.
Dubouchet, professeur à l'École Estienne.
Dunthorn, de Londres.
Fantin-Latour, artiste peintre.
Flameng, graveur.
Foucher frères, constructeurs-mécaniciens.
Gilbert, graveur.
Houpied, libraire.
Johannot, fabricant de papier.
Lamotte, graveur.
Lapointe, galvanoplaste.
Laugier, ingénieur.

MM.
J. Laurens, artiste peintre.
Lemercier, imprimeur lithographe.
Letoula, dessinateur lithographe.
Mallings.
Manès (de).
Mauler, professeur à l'École Estienne.
Maurou, artiste lithographe.
Méheux, ancien professeur à l'École Es-
tienne.
Menuel, architecte.
Michaud, ingénieur.
Mouchon, ancien professeur à l'École Es-
tienne.
Navier, représentant pour pierres litho.
Paillard, fabricant d'encres.
Pannemaker père et fils, graveurs sur bois.
Parrot, constructeur.
Pauverie, artiste peintre.
Rançon, fabricant de produits chimiques.
Rapine, graveur.
Roger (E.), professeur à l'École Estienne.
Salmon, graveur.
Société française de gravure.
Société typographique.
Sulpis fils, professeur à l'École Estienne.
Tilly (de), dessinateur.
Totain, professeur à l'École Estienne.
Ubapoba.
Vibert, artiste peintre.
Wolf, de New-York, graveur sur bois.

Liste des personnes ayant fait don à l'École de livrets de Caisse d'épargne ou de
sommes d'argent à l'occasion des diverses distributions de prix depuis 1890.

MM.
Beaumont frères, graveurs.
Chaix, imprimeur.
Chambre syndicale de la photographie et
de ses applications.

MM.
Chambre syndicale des imprimeurs conducteurs.
Chambre syndicale des imprimeurs conducteurs (Société Gutenberg).

MM.

Chambre syndicale des imprimeurs lithographes.

Chambre syndicale des maîtres fondeurs typographes.

Chambre syndicale patronale de la reliure.

Chambre syndicale typographique parisienne.

Champenois, imprimeur.

Conseil municipal de Paris.

Darblay père et fils, fabricants de papier.

Deberny et Cie, fondeurs.

Delagrave, éditeur.

Foucher frères, constructeurs.

Guéret (Alfred), président de l'Association des anciens élèves de l'école de la rue de l'Arbalète.

Hachette et Cie, libraires-éditeurs.

Hetzel et Cie, libraires-éditeurs.

MM.

Lecoq, imprimeur.

Lorilleux et Cie, fabricants d'encres d'imprimerie.

Magnier, relieur.

Marinoni, constructeur.

Masson et Cie, libraires-éditeurs.

May, libraire-éditeur.

Mercier, relieur-doreur.

Montreuil, fabr. de produits chimiques.

Morin (Edmond), typographe.

Muller, imprimeur.

Pagnaut, relieur.

Peignot, fondeur.

Picard et Kaan, libraires-éditeurs.

Rançon frères, fabricants de produits lithographiques.

Sédard, imprimeur à Lyon.

Turlot et Cie, fondeurs.

ÉCOLE ESTIENNE

BUDGET DÉTAILLÉ, PERSONNEL ET MATÉRIEL, POUR L'EXERCICE 1899

1° Recettes

Évaluation.

Article unique. — Produits fabriqués . . . .   6.000 fr.

2° Dépenses

Le budget est prévu pour 240 élèves suivant les cours du jour et 120 élèves suivant les cours du soir.

Ensemble des dépenses.

Observations.

A. — Personnel	151.400	
B. — Matériel	86.610	
C. — Cours du soir (Personnel) . . .	6.250	
D. — — (Matériel)	600	
TOTAL	244.860	

A. — *Personnel* (Résumé).

1°	Traitements et indemnités du personnel administratif et de surveillance	37.800	Voir état A.
	Traitements du personnel enseignant théorique	27.200	Voir état B.
	Traitements du personnel enseignant technique	73.000	Voir état C.
	Conférences, suppléances, imprévus, etc	1.400	Voir état D.
2°	Gages du personnel de service . . .	12.000	Voir état E.
	TOTAL	151.400	

PERSONNEL ADMINISTRATIF ET ENSEIGNANT	DATE de la création du cours ou de l'emploi	DATE de la dernière promotion	CRÉDITS votés pour 1899	OBSERVATIONS
ÉTAT A. — *Traitements et indemnités du personnel administratif et de surveillance.*				
Directeur.	Novembre 1889	1er janvier 1898	6.000 »	
Indemnité de résidence.	»	»	2.000 »	
Surveillant général.	Novembre 1889	1er janvier 1898	4.000 »	
Indemnité de logement.	»	»	800 »	
Agent comptable.	16 mars 1891	»	4.000 »	
Indemnité de logement.	»	»	800 »	
Chef des travaux.	1er octobre 1890	1er janvier 1896	5.500 »	
Garde-magasin.	15 novembre 1889	1er janvier 1898	3.000 »	
Médecin inspecteur.	1er juillet 1892	»	300 »	
Surveillant.	Novembre 1889	1er janvier 1896	2.800 »	
—		»	2.000 »	
—	Octobre 1890	1er janvier 1897	2.200 »	
—	Octobre 1891	1er janvier 1898	2.200 »	
—	Novembre 1892	1er janvier 1897	2.200 »	
		Total......	37.800 »	
ÉTAT B. — *Traitements du personnel enseignant théorique.*				
Sciences physiques et naturelles.	20 novembre 1889	1er janvier 1896	4.650 »	Nombre d'heures de cours : 15 $^1/_2$
Français, histoire et géographie.	—	—	3.400 »	— — 17
Mathématiques et comptabilité.	—	—	2.700 »	— — 9
Dessin d'ornement.	—	—	3.850 »	— — 14
Modelage.	22 septembre 1890	—	4.200 »	— — 14
Composition décorative.	1er janvier 1891	—	4.200 »	— — 14
Écriture.	20 novembre 1889	—	1.000 »	— — 4
Gymnastique et exercices militaires.	1er mars 1892	—	2.100 »	— — 10 $^1/_2$
Histoire de l'Art et du Livre.	1er octobre 1895	»	1.100 »	— — 4
		Total......	27.200 »	

PERSONNEL TECHNIQUE	DATE de la création du cours ou de l'emploi	DATE de la dernière promotion	CRÉDITS votés pour 1899	OBSERVATIONS

ÉTAT C. — *Traitements du personnel enseignant technique.*

PERSONNEL TECHNIQUE	DATE de la création du cours ou de l'emploi	DATE de la dernière promotion	CRÉDITS votés pour 1899	OBSERVATIONS
Composition typographique	20 novembre 1889	1er janvier 1897	4.300 »	**Heures de présence**
Impression typographique	—	»	4.000 »	
Fonderie en caractères	—	»	4.000 »	
Clicherie-galvanoplastie	—	1er janvier 1898	4.300 »	
Dessin lithographique	—	1er janvier 1897	4.300 »	
Gravure lithographique	—	—	4.300 »	Tous les jours, de 1 h. à 6 h., et les vendredis et samedis matin, de 8 h. 1/2 à 11 h. 1/2.
Écriture lithographique	—	»	4.000 »	
Impression lithographique	—	1er janvier 1897	4.300 »	
Reliure	—	1er janvier 1898	4.300 »	
Dorure sur cuir	—	1er janvier 1897	4.300 »	
Gravure en relief	—	»	4.000 »	
Impression en taille-douce	—	»	4.000 »	
Gravure en taille-douce	—	»	4.000 »	Trois après-midi, de 1 h. à 6 h. Une matinée (vendredi ou samedi), de 8 h. 1/2 à 11 h. 1/2.
Gravure sur bois	—	»	4.000 »	
Papetier	—	1er janvier 1896	1.800 »	Tous les jours, de 1 h. à 6 h.
Conducteur lithographe	1er novembre 1892	1er janvier 1898	2.600 »	Mêmes heures que les douze premiers professeurs.
Correcteur typographe	23 février 1897	»	2.000 »	Quatre jours, de 1 h. à 6 h.
Autographie	1er mars 1892	»	1.000 »	Deux jours, de 1 h. à 6 h.
Dorure sur tranches	1er janvier 1891	»	500 »	
Marbrure	1er janvier 1892	»	500 »	Un jour, de 1 h. à 6 h.
Graincur	1er janvier 1893	»	200 »	
Photographie et dérivés	20 novembre 1889	»	6.300 »	Deux jours, de 8 h. 1/2 à 10 h. 1/2.
			73.000 »	1 professeur scientifique (1.000 fr.), pour une matinée, de 8 h. 1/2 à 11 h. 1/2. — 3 opérateurs (3.590 fr.), pour deux après-midi, à 10 francs l'un et une matinée à 5 francs. — 1 garçon préparateur outilleur (1800 fr.), payé à la journée, 5 francs par jour.

ÉTAT D. — *Conférences, suppléances, imprévus, etc* .... 1.400 »

ÉTAT E. — *Gages du personnel de service.*

	CRÉDITS votés pour 1899	OBSERVATIONS
Brigadier des gagistes......................	1.800 »	Logé.
1 gagiste................................	1.600 »	—
4 gagistes...............................	7.600 »	Non logés.
1 concierge	1.000 »	Logé.
TOTAL.............	12.000 »	

NATURE DES DÉPENSES	OBSERVATIONS
B. — MATÉRIEL	
1° Cantine { Nourriture : 50 cent. par élève.. 26.200 / Matériel .... 495 / Une cantinière (11 mois à 75 fr.). 825 / Trois aides à 60 francs .... 1.980 } 29.500	
2° Matériel, outillage, entretien du mobilier 10.850	
3° Matériel de propreté 800	
4° Habillement du personnel de service.............. 800	
5° Bibliothèque 500	
6° Collections, laboratoires, manipulations 500	
7° Fournitures scolaires et de bureau............... 2.000	
8° Chauffage, éclairage 800	
9° Annuité de la maison Grouvelle.................. 22.700	
10° Matières premières........................... 9.000	
11° Primes, distribution des prix, allocations 3.000	
12° Excursions d'études........................... 1.200	
13° Huiles pour les machines....................... 300	
14° Secours, produits pharmaceutiques 100	
15° Dépenses imprévues 600	
Total.................... 82.650	
Dépenses en vue de l'Exposition et améliorations dans divers ateliers........... .... 3.960	Crédit supplémentaire rattaché au budget.
Total................ 86.610	
C. — Cours du soir : PERSONNEL (*Indemnités*).	
Directeur.. 1.000	
Surveillant général.............................. 600	
Garde-magasin 225	
Garçon de service 225	
Composition typographique 800	
Impression typographique........................ 800	
Clicherie et galvanoplastie....................... 800	
Impression lithographique....................... 800	
Reliure et dorure............................... 800	
Aide adjoint à la reliure......................... 200	
Total................. 6.250	
D. — Cours du soir : MATÉRIEL	
Fournitures diverses........ 600	

CHAPITRE V

RÉSULTATS OBTENUS

CONCLUSION

RÉSULTATS OBTENUS

CONCLUSION

I

Considérations générales

On a pu voir, par la lecture des quatre chapitres précédents, combien l'organisation de l'École Estienne est complète, tant au point de vu e moral qu'au point de vue matériel. Il reste maintenant à examiner, avant de terminer cette monographie, quels ont été les résultats obtenus jusqu'à présent, et à pressentir l'avenir de l'enseignement professionnel tel qu'il est pratiqué à l'École Estienne.

Une première question se pose : peut-on et doit-on demander des résultats marquants à une École qui n'a que *dix ans d'existence, et dont la première promotion est sortie depuis six ans* à peine ? Non, assurément, surtout si l'on se rappelle les difficultés de toutes sortes qu'elle a rencontrées sous ses pas, dès sa naissance.

L'enseignement professionnel, tel que le donne la Ville de Paris, est de date encore trop récente pour que les effets puissent s'en faire sentir de façon bien tangible aujourd'hui. Il en est de même pour toutes les institutions fondées surtout en vue de l'avenir.

D'ailleurs, ce n'est pas au moment où, sur le contingent des travailleurs parisiens, 1 pour 100 à peine sort des Écoles professionnelles, qu'on peut constater de façon appréciable la supériorité de cet enseignement. Ce n'est que dans quelques années, et lorsque les anciens élèves de ces Écoles auront communiqué autour d'eux les connaissances acquises aux cours professionels, que l'on pourra se rendre compte des progrès accomplis.

Cependant, toutes les fois qu'il y a occasion de faire une constatation, cette supériorité se démontre. Ainsi, à tous les concours d'apprentis organisés par différents Syndicats et Associations, les élèves de l'École Estienne ont toujours remporté la plupart des prix; d'autres ont été admis à exposer aux Salons et y ont obtenu des récompenses. Enfin deux anciens élèves ont remporté le 2ᵉ et le 3ᵉ prix de Rome pour la gravure.

II

Critiques diverses

Comme toutes les institutions nouvelles s'écartant des sentiers de la routine, l'École Estienne a été l'objet de critiques. Certes, quelques-unes de ces critiques étaient fondées à l'origine; mais, chaque fois qu'elles ont été reconnues justes, il en a été tenu compte; par contre, beaucoup plus étaient injustifiées, et l'enseignement professionnel, tel que le donne la Ville de Paris, continue à être le meilleur mode pour arriver à former des ouvriers capables de relever et de maintenir la supériorité de notre industrie nationale.

Que reproche-t-on le plus souvent à l'École Estienne, ainsi, du reste, qu'à toutes les Écoles professionnelles? Qu'elle donne, même à son insu, une impulsion officielle d'État, tandis que l'atelier, plus ouvert aux idées de tous, plus près du public, a plus de chances de développer l'originalité; qu'elle donne une éducation générale et uniforme, souvent sans diversité et sans variété, contraire aux qualités de l'industrie française, qui sont justement la diversité, la fantaisie journalière de ses productions sans cesse renouvelées. D'ailleurs, ajoute-t-on, comment une École professionnelle pourrait-elle faire passer un enfant par tous les enseignements que l'atelier impose?

Si ceux qui formulent ces critiques s'étaient donné la peine de visiter en détail une des Écoles professionnelles de la Ville de Paris, s'ils étaient venus à l'École Estienne, ils auraient vu l'atelier réel, installé dans les meilleures conditions pour travailler, avec un outillage moderne et complet, et toutes les matières premières nécessaires. La présente monographie, composée, imprimée et reliée à l'École, n'est-ce pas du travail comme on le fait dans l'industrie? Et, quand on saura que ce travail a été entièrement fait par des garçons de quatorze à seize ans, on ne dira plus que c'est là un simple amusement d'enfants.

« L'École, dit-on, donne une éducation générale et uniforme, souvent sans diversité et sans variété » ; mais c'est précisément le contraire qui se produit. A l'atelier, le plus souvent, on fait un genre, une spécialité, et encore ce genre ou cette spécialité se subdivise la plupart du temps, car il faut surtout activer la production.

A l'École Estienne, au contraire, comme du reste dans les autres Écoles professionnelles de la Ville de Paris, les élèves ne sont pas astreints à faire de la production, c'est-à-dire à exécuter constamment les mêmes travaux : ils apprennent tout ce qui fait partie de la profession qu'ils ont choisie ; tandis que ce qui manque le plus à l'atelier, c'est la possibilité, pour l'apprenti, de s'initier à tout ce qu'il devrait apprendre à faire, par cette raison que le travail qu'il exécute est subordonné à la volonté du client. A l'École, on a le choix des modèles ; de sorte qu'on peut faire passer progressivement l'enfant par tout ce qui se fait dans la profession ; c'est ainsi que l'occasion de faire tel ou tel travail, occasion qui ne se présentera peut-être jamais à l'atelier, se présente tous les jours à l'École, pendant les quatre années d'apprentissage. Quant à la manière de faire, elle est absolument la même que celle qui est pratiquée dans les différents ateliers : c'est du travail réel, et fait dans les conditions normales, que l'on utilise quand l'occasion se présente de l'utiliser ; mais on ne sacrifie pas, à l'utilisation du travail fait, la progression des études techniques, et, quand vient le moment, pour l'élève, d'aborder telle ou telle partie de la profession, on la lui fait aborder sans s'inquiéter si cela pourra servir.

Les professeurs techniques de nos Écoles professionnelles présentent, du reste, toutes garanties de savoir professionnel et d'aptitude à enseigner ; ils sont nommés après un concours extrêmement sérieux, et après avoir prouvé, tant par des épreuves pratiques que par des épreuves orales et écrites, qu'ils sont réellement capables d'enseigner avec fruit. La Commission de surveillance et de perfectionnement, qui préside aux concours et constitue, avec les patrons et les ouvriers choisis par les concurrents eux-mêmes, le jury chargé du classement, est composée, de son coté, de conseillers municipaux, de membres de l'enseignement, d'industriels et d'ouvriers que la notoriété de leur compétence a désignés tout naturellement.

Le professeur technique choisi dans ces conditions pourra enseigner tout aussi bien la théorie de son métier que la pratique, et c'est là un point très important.

On a dit aussi que dans les Écoles professionnelles les heures de travail d'atelier sont trop mesurées et qu'on donne trop de temps à l'enseignement théorique général.

C'est précisément le grand avantage de l'enseignement professionnel de la Ville de Paris, d'avoir l'école à côté de l'atelier, de façon que l'enfant, à sa sortie de l'école primaire, puisse continuer ses études. C'est une force très grande mise au service des élèves-apprentis : car, dans quelque profession que ce soit, l'enseignement général complémentaire de l'école primaire est indispensable.

C'est même cet avantage qui pèse le plus souvent sur la détermination des familles et explique le nombre considérable de candidats qui se présentent tous les ans aux concours d'admission.

Un reproche qui ne se justifie que si l'on regarde les choses superficiellement, c'est celui qu'on adresse quelquefois aux apprentis sortis des Écoles professionnelles, après leur cycle d'études, de n'avoir pas, dans les ateliers industriels, une habileté aussi grande que leurs camarades de l'industrie privée. L'expérience, depuis qu'il sort des élèves de l'École Estienne, a démontré que, si effectivement, à leurs débuts dans les ateliers, les jeunes ouvriers apprentis de l'École étaient quelque peu dépaysés, allaient un peu moins vite que d'autres, cela ne durait que très peu de temps. Bientôt ils se mettaient au niveau de leurs camarades, et combien, depuis, les ont dépassés!

Il n'est pas difficile d'expliquer ce fléchissement passager des premiers débuts. Dans les ateliers de l'industrie, les travaux ne varient guère : celui qui fait toujours le même travail le fera plus vite que celui qui ne l'a fait jusqu'alors qu'incidemment. Or, pendant quatre ans, les élèves d'Estienne n'ont pas été habitués à produire vite une seule chose, ils ont appris à faire aussi bien que possible tout ce qui concerne un métier ; en sorte que, n'ayant pas fait spécialement ceci ou cela, mais ceci et cela, ils n'ont pas eu le temps de s'habituer à aller vite, mais ils savent faire bien. On l'a bien vite compris dans l'industrie du Livre, d'où viennent de tous côtés les offres d'emploi, ainsi que les lettres de remerciements.

On a dit bien des fois : Les ouvriers sortant des Écoles professionnelles ne savent pas travailler. Oui, le cas se produit ; mais ce qu'on oublie de dire, c'est que toujours ces ouvriers médiocres, très médiocres même, n'avaient fait que passer par l'École sans y rester : les uns, pour inaptitude naturelle ou mauvaise conduite, avaient été rendus à leurs familles après la première année, les autres avaient démissionné après un an ou dix-huit mois et allaient ensuite se présenter comme élèves ayant parfait leur apprentissage à l'atelier scolaire. Aussi, pour prémunir les industriels contre cet état de choses, il leur est rappelé que, seuls, les élèves ayant obtenu le certificat d'apprentissage délivré après la 4e année peuvent être considérés comme élèves de l'établissement.

Il arrive parfois que le nombre de ces élèves ayant quitté l'École prématurément, se croyant en état de gagner leur vie, s'élève presque à 50 pour 100 dans la période des quatre années. Mais c'est là une moyenne qui est très souvent dépassée dans l'industrie privée où, pour une raison ou pour une autre, les apprentis quittent l'atelier où ils sont entrés en sortant de l'école primaire, soit pour changer de profession, soit pour travailler ailleurs.

Qu'on puisse dire que les élèves de l'École Estienne, à leur sortie d'apprentissage, ne soient pas des ouvriers parfaits, cela se comprend. Ce n'est pas à dix-sept ou dix-huit ans qu'il est possible d'être un de ces ouvriers ; car, pour arriver à la perfection dans un métier, aussi complexe que ceux des différentes industries du Livre, l'expérience d'une longue pratique est nécessaire. Rarement, un ouvrier, dans quelque métier que ce soit, atteindra à la perfection avant une vingtaine d'années de pratique. Et encore ceux-là sont-ils rares. Les élèves d'Estienne ne peuvent espérer être tous de ces rares ouvriers artistes, mais ils ont plus de chances de le devenir que d'autres, car le métier leur aura été enseigné par un ouvrier complet, et libre dans les limites de son programme.

Il est indéniable d'ailleurs que, pour certaines professions artistiques, l'apprentissage ne peut être terminé au bout de quatre années d'études.

En quatre ans, il est impossible d'être un graveur de talent ou un dessinateur original et créateur. On ne peut donc, à l'École, qu'ébaucher les jeunes gens et les préparer à continuer leurs études, soit aux Beaux-Arts, soit chez un maître de la gravure ou du dessin. C'est du reste ce qu'on explique aux familles, quand arrive le moment de la spécialisation, après le *Circulus*.

On a dit aussi que les anciens élèves étaient prétentieux, arrogants. Il se peut fort bien que, malgré les conseils de modestie qu'on ne cesse de leur donner et bien qu'on les mette en garde contre les exigences de métier qui les attendent à l'atelier, quelques-uns d'entre eux, sur les centaines qui sont sortis depuis six ans, aient cherché à faire un peu de pose; mais ce sont précisément leurs anciens camarades d'École, eux-mêmes, reliés entre eux par la Société amicale des anciens élèves de l'École Estienne, qui ont été les premiers à se moquer de ce travers de jeunes gens, travers qui n'est pas le privilège des quelques rares anciens élèves qui en sont atteints. Il y en a comme cela dans toutes les classes de la société. Mais on doit constater que, dans leur ensemble, la grande majorité des anciens élèves n'ont jamais oublié, dans la vie d'atelier, les bons conseils qui leur ont été donnés à l'École par leurs professeurs et éducateurs, lesquels, eux aussi, sont groupés en Société fraternelle.

Une dernière critique consiste à dire que l'École Estienne, comme toutes les Écoles professionnelles, coûte cher et ne rend pas suffisamment, en produits fabriqués, pour compenser les dépenses qu'elle occasionne. Cela est vrai, mais il en est de même de tous les établissements d'instruction publique qui ne sont subventionnés par aucune rémunération scolaire versée par les familles. Est-ce que les écoles primaires de la Ville de Paris et d'ailleurs, pour lesquelles on dépense des millions, récupèrent davantage, par une production matérielle quelconque, ce qu'elles coûtent ? L'enseignement professionnel n'est que la suite et le complément de l'enseignement primaire et, pas plus que celui-ci, il ne peut être une source de bénéfices.

Tout n'est pas parfait, évidemment, dans le fonctionnement actuel de l'École du Livre; bien des améliorations devront encore y être apportées. Une institution pareille, pour laquelle manque l'expérience du passé, ne saurait du premier coup prétendre à l'infaillibilité de ses programmes et méthodes d'étude. C'est pour cela d'ailleurs qu'il est fait souvent appel aux spécialistes et aux Chambres syndicales patronales et ouvrières pour l'organisation de certains ateliers, pour l'amélioration des méthodes ou des programmes, ainsi que pour le jugement des concours de fin d'apprentissage. Le jury d'examen de sortie examine en toute liberté les travaux des élèves et constate si oui ou non l'enseignement donné a produit les résultats qu'on a le droit d'en espérer.

Or, jusqu'à présent, à l'École Estienne, les jurys d'examen de sortie n'ont eu que de bons résultats d'ensemble à constater.

Les listes de récompenses obtenues par l'École, les effectifs d'entrées et de sorties, les tableaux statistiques indiquant la situation des anciens élèves et bien d'autres documents que l'on trouvera à la fin de ce chapitre témoigneront, mieux que des paroles ne pourraient le faire, de l'excellence des méthodes d'enseignement adoptées à l'École. Les chiffres ont aussi leur éloquence.

III

Conclusion

En somme, la Ville de Paris, en créant l'École des arts et industries du Livre, comme en créant l'École du Meuble, l'École du Bois et du Fer et toutes les autres Écoles professionnelles de garçons et de filles, a fait une œuvre grande et généreuse ; elle a surtout donné un bel exemple en prenant la tête du mouvement qui doit régénérer notre industrie par la base.

Déjà, nombre de grandes villes de France la suivent et créent des Écoles techniques ; de sorte qu'on peut prédire que bientôt l'enseignement professionnel par l'école sera celui par lequel se formeront les ouvriers dans l'avenir.

En honorant ainsi le travail, Paris a du même coup résolu ce problème d'assurer aux enfants d'ouvriers, jusqu'à l'âge de dix-sept à dix-huit ans, l'instruction et l'éducation de la main et du cerveau. Aussi a-t-elle le droit d'espérer que les élèves de l'École Estienne, pour lesquels elle fait tant de sacrifices, formeront une génération d'ouvriers instruits, d'hommes éclairés et de citoyens dévoués à la France et à la République, dont l'unique souci sera de contribuer, par leur travail, à la prospérité de la patrie, au bonheur de l'humanité.

ANNEXES DU CHAPITRE V

PRINCIPAUX SUCCÈS SCOLAIRES

depuis 1893 (dernière année de la 1re promotion)

Admissions aux Salons des Beaux-Arts

1893 : Quidor (Gabriel), élève de 4e année, graveur en taille-douce (mention honorable) ; Frantz (Hippolyte), élève de 4e année, graveur en taille-douce.

1894 : Hourriez (Georges), élève de 4e année, graveur sur bois ; Boizot (Émile) (promotion de 1893), graveur sur bois ; Montalescot (Jules) (promotion de 1893), graveur en taille-douce.

1895 : Janvier (Léon), élève de 4e année, graveur sur bois ; Leseigneur (Henri) (promotion de 1894), graveur en taille-douce.

1896 : Busière (Louis), élève de 3e année, graveur en taille-douce (mention honorable) ; Frèrebeau (Maurice), élève de 4e année, graveur sur bois ; Hourriez (Georges) (promotion de 1894), graveur sur bois (mention honorable) ; Sévelinge (Henri) (promotion de 1893), plumiste lithographe ; Montalescot (Jules) (promotion de 1893), graveur en taille-douce.

1897 : Reidel (Henri), élève de 4e année, graveur en taille-douce (mention honorable) ; Busière (Louis), élève de 4e année, graveur en taille-douce ; Vigné (Eugène), élève de 4e année, graveur en taille-douce ; Bornet (Paul), élève de 4e année, graveur sur bois ; Régnier (Georges), élève de 4e année, graveur sur bois ; Frèrebeau (Maurice) (promotion de 1896), graveur sur bois ; Boizot (Émile) (promotion de 1893), graveur sur bois ; Quidor (Gabriel) (promotion de 1893), graveur en taille-douce ; Sévelinge (Henri) (promotion de 1893), dessinateur lithographe.

1898 : Serres (Raoul), élève de 4e année, graveur en taille-douce (mention honorable) ; Porraz (Maurice), élève de 4e année, graveur sur bois ; Bornet (Paul) (promotion de 1897), graveur sur bois ; Busière (Louis) (promotion de 1897), graveur en taille-douce ; Régnier (Georges) (promotion de 1897), graveur sur bois ; Reidel (Henri) (promotion de 1897), graveur en taille-douce ; Frèrebeau (Maurice) (promotion de 1896), graveur sur bois ; Mansuy (René) (promotion de 1896), dessinateur lithographe ; Hourriez (Georges) (promotion de 1894), graveur sur bois ; Boizot (Émile) (promotion de 1893), graveur sur bois.

Société des Artistes français

1899 : Maréchal (Léopold), élève de 4e année, graveur en taille-douce ; Serres (Raoul) (promotion de 1898), graveur en taille-douce ; Reidel (Henri) (promotion de 1897), graveur en taille-douce ; Quidor (Gabriel) (promotion de 1893), graveur en taille-douce ; Sauvigny (promotion de 1898), graveur lithographe ; Bornet (promotion de 1897), graveur sur bois ; Bémont (promotion de 1896), dessinateur lithographe ; Chantesais (promotion de 1896), dessinateur lithographe ; Outhwaith (promotion de 1893), dessinateur lithographe.

Société nationale des Beaux-Arts

Admis : Hourriez (promotion de 1894), graveur sur bois.

Associé : Boizot (promotion de 1893), graveur sur bois.

Admissions à l'École nationale des Beaux-Arts et Prix des Beaux-Arts

1896 : Quidor (promotion de 1893), graveur en taille-douce, admis à l'École des Beaux-Arts, admis en loge la même année pour le prix de Rome.

1897 : Admis à l'École des Beaux-Arts : Busière, élève de 4e année sortant de l'École Estienne avec le n° 1 ; Leseigneur (promotion de 1894), graveur en taille-douce. Quidor (promotion de 1893) obtient à l'École des Beaux-Arts un 1er prix pour la gravure en taille-douce.

1898 : Admis à l'École des Beaux-Arts : Reidel (promotion de 1897), **graveur en taille-douce** ; Vigné (promotion de 1897), graveur en taille-douce ; Frèrebeau (promotion de 1897), graveur sur bois.

Prix Chenavard

Busière (promotion de 1897), graveur en taille-douce.

Prix de Rome

Admis en loge pour le prix de Rome : Sur huit logistes : n° 1, Quidor (promotion de 1893), graveur en taille-douce ; n° 2, Busière (promotion de 1897), graveur en taille-douce ; n° 7, Leseigneur (promotion de 1894), graveur en taille-douce. Quidor obtient le 1er second grand prix ; Busière obtient le 2e second grand prix.

1899 : Serres (Raoul) (promotion de 1898), graveur en taille-douce, admis à l'École des Beaux-Arts.

Récompenses obtenues dans les concours publics

1893 : *Chambre syndicale des graveurs en tous genres.* — Six récompenses sur six élèves présentés par l'École : Quidor, Damy, Serres, Bizet, Lepetit, Oswald.

1894 : *Chambre syndicale du papier et des industries qui le transforment.* — Les quatre élèves présentés au concours de lithographie ont obtenu les quatre premières médailles : Queille, Lozier, Schnerb, Daumain.

1895 : *Chambre syndicale du papier et des industries qui le transforment.* — Les cinq élèves présentés ont obtenu les cinq premières médailles, et l'un d'eux, Busière, graveur en taille-douce, avec les félicitations du jury ; Baboulène, Sottiaux, Allemand, Lamiraud.

Concours de dessin organisé par la Ville de Paris. — Sur cent cinquante concurrents, Hourriez (Georges), 3e prix, et Busière (Louis), 1er accessit.

Concours du Jury d'État (dispense de deux années de service militaire à raison de 1/2 pour 100 du contingent). — Boizot (Émile), graveur sur bois (promotion de 1893), seul présenté et admis.

1896 : *Concours de typographie grecque.* — Chrétien (Fernand), mention honorable.

Concours de la Chambre syndicale des graveurs en tous genres. — Busière, élève de 3ᵉ année, prix du Ministre, grand prix d'honneur; Frèrebeau, élève de 4ᵉ année, 1ᵉʳ prix de dessin, prix de gravure sur bois ; Leroyer, élève de 4ᵉ année, 2ᵉ prix de dessin, 1ᵉʳ accessit de gravure en relief; Allemand, élève de 4ᵉ année, prix de gravure lithographique.

Concours de la Chambre syndicale du papier. — Dans cette Association, les élèves de l'École Estienne sont hors concours, par rapport aux autres apprentis de l'industrie privée, depuis 1895. Les huit élèves présentés ont tous été récompensés : médaille de vermeil, Busière, élève de 3ᵉ année; médailles d'argent : Allemand, Brénéol, Chêne, Gambette, élèves de 4ᵉ année ; Reidel, Valette, élèves de 3ᵉ année ; Sauvigny, élève de 2ᵉ année.

1897 : *Concours de typographie grecque.* — Les deux élèves présentés au concours ont obtenu : Goulhot (Albert), 1ᵉʳ prix (médaille d'honneur) : Bournerie (François), mention honorable.

Concours des Chambres syndicales, gravure et lithographie. — Médailles de vermeil : Busière (Louis), Serres (Raoul), Valettte (Gabriel), Sauvigny (Alfred) ; médailles d'argent : Reidel (Henri), Vigné (Eugène), Michaut (Angel), Piton (Charles) ; récompenses en volumes : Prost, Fauvelet, Floure, Georges (Irénée).

Concours du Jury d'État (dispense de deux années de service militaire). — Sur sept anciens élèves présentés, quatre ont été reçus : Védier, graveur sur bois ; Schnerb, graveur sur pierre ; Henriot, doreur sur cuir; Chantesais, dessinateur lithographe.

1898 : *Concours de la Chambre syndicale du papier.* — Graveurs en taille-douce: Serres, élève de 4ᵉ année, 2ᵉ prix, diplôme de médaille d'argent. — Graveurs lithographes : Sauvigny, élève de 4ᵉ année, 1ᵉʳ prix, diplôme de médaille de vermeil ; Fauvelet, élève de 4ᵉ année, 1ᵉʳ prix, diplôme de médaille d'argent ; Moriat, élève de 4ᵉ année, 2ᵉ prix, diplôme de médaille d'argent; Prost, élève de 4ᵉ année, 3ᵉ prix, diplôme de médaille d'argent. — Écrivains lithographes : Bordes, élève de 4ᵉ année, 3ᵉ prix, diplôme de médaille d'argent ; Dobbelaère, élève de 4ᵉ année, 3ᵉ prix, diplôme de médaille d'argent.

Concours de la Chambre syndicale des graveurs en tous genres. — Graveurs en taille-douce : Serres, élève de 4ᵉ année, 1ᵉʳ prix de dessin, 2ᵉ prix de gravure, médaille d'argent. — Graveurs en relief: Fusilier, élève de 4ᵉ année, 1ᵉʳ prix de dessin, 2ᵉ prix de gravure, médaille d'argent ; Chassin, élève de 4ᵉ année, 2ᵉ prix de dessin, 1ᵉʳ prix de gravure, médaille d'argent. — Graveurs sur bois : Porraz, élève de 4ᵉ année, 1ᵉʳ prix de gravure. — Graveurs lithographes : Prost, élève de 4ᵉ année, 1ᵉʳ prix de dessin, médaille de vermeil ; Sauvigny, élève de 4ᵉ année, 1ᵉʳ prix de gravure; Fauvelet, élève de 4ᵉ année, 3ᵉ prix de dessin, 2ᵉ prix de gravure, médaille de bronze; Lelong, élève de 4ᵉ année, mention honorable pour gravure et dessin.

Concours du Jury d'État. — Viandon (promotion de 1895), doreur sur cuir, est dispensé de deux ans de service militaire.

Concours de gymnastique interscolaire. — La section, qui pour la première fois prend part à ce concours, a remporté deux médailles de bronze.

1899 : *Concours de la Chambre syndicale du papier.* — Graveurs en taille-douce : Maréchal (Léopold), élève de 4e année, 1er prix de dessin et gravure, médaille de vermeil ; Piel, élève de 3e année, 1er prix de dessin et gravure, médaille d'argent. — Graveurs lithographes : Moriat, élève de 4e année, 1er prix, médaille d'argent ; Moisson et Clément, élèves de 4e année, 2e prix *ex æquo*, médaille d'argent ; Blitz et Claustres, élèves de 4e année, 3e prix *ex æquo*, médaille de bronze ; Combe, élève de 3e année, 2e prix, médaille d'argent. — Écrivains lithographes : Gouterat, élève de 3e année, médaille de vermeil ; Delachaussée, élève de 4e année, médaille de bronze ; Lambraud, élève de 4e année, médaille de bronze. — Relieurs-papetiers : Blanchetière, élève de 4e année, mention honorable et livret de Caisse d'épargne de 10 francs.

Chambre syndicale des graveurs en tous genres. — Graveurs en taille-douce : Maréchal (Léopold), élève de 4e année, médaille d'argent en gravure et mention honorable en dessin ; Piel, élève de 3e année, 3e prix de gravure, médaille d'argent. — Graveurs sur bois : Gigand, élève de 3e année, médaille d'argent en gravure, mention honorable en dessin. — Graveurs lithographes : Clément, élève de 4e année, 1er prix de gravure, médaille d'argent ; Moriat, élève de 4e année, 2e prix de gravure, mention honorable en dessin, livret de 20 francs ; Moisson, élève de 4e année, 3e prix de gravure ; Combe, élève de 3e année, 1er prix de gravure. — Graveurs en relief : Fusilier (promotion de 1898), mention honorable en dessin et gravure, diplôme d'aptitude ; Maréchal (Eugène), élève de 4e année, mention honorable en dessin et gravure, diplôme d'aptitude ; Malin, élève de 3e année, 2e prix de gravure, 3e prix de dessin, diplôme d'aptitude ; Simonnet, élève de 3e année, 3e prix de gravure, mention honorable de dessin, diplôme d'aptitude ; Levannier, élève de 3e année, mention honorable de gravure, mention honorable de dessin, diplôme d'aptitude ; Coulon, élève de 2e année, 1er prix de gravure, 2e prix de dessin, diplôme d'aptitude.

Concours de typographie grecque. — Conduché, élève de 3e année, compositeur, a obtenu la plus haute récompense (mention très honorable).

Jury d'État de 1899. — Ont obtenu la dispense de deux années de service militaire : Hourriez (promotion de 1894), graveur sur bois ; Régnier (promotion de 1897), graveur sur bois ; Broutin (promotion de 1895), graveur sur bois ; Bornet (promotion de 1896), graveur sur bois.

Concours de gymnastique interscolaire. — La section présentée a obtenu une médaille d'argent et deux médailles de bronze.

Récompenses obtenues par l'École aux Expositions

1890 : Anvers, Exposition internationale du Livre. Médaille d'or.
Paris, Exposition internationale des sciences et des arts industriels. Médaille d'or.

1893 : Paris, Exposition internationale du progrès. Médaille d'or.

1894 : Anvers, Exposition universelle. Médaille d'argent.

1895 : Paris, Centenaire de la lithographie. Médaille d'or.

LETTRES ET CERTIFICATS DE DIVERS PATRONS

occupant d'anciens élèves

Nous donnons ici quelques-unes des lettres adressées à l'École par divers patrons ayant admis dans leurs ateliers des élèves de la 1re promotion. Nous nous sommes contentés de cette première année pour ne pas allonger outre mesure le nombre de ces lettres, lesquelles, chaque année, ont été aussi nombreuses que concluantes.

Nous nous contenterons de prendre, parmi ces lettres, un passage dans chacune des deux dernières parvenues à l'École au moment de l'impression de cette monographie et datées des 5 et 25 janvier 1900.

Nous avons renoncé également à reproduire les offres d'emploi qui sont venues à l'École depuis l'époque de la 1re promotion. Ces demandes d'ouvriers sortant de l'École, chaque année plus nombreuses, prendraient trop de place dans cet ouvrage.

Toutes ces lettres d'offres d'emploi à d'anciens élèves de l'École Estienne constituent un important dossier, qui est déposé aux archives de l'École.

Paris, le 20 novembre 1893.

Monsieur,

En réponse à votre honorée du 18 courant, je suis très heureux de vous faire savoir que je suis très content de l'élève Boulaire, que vous m'avez adressé.

Je regrette seulement que vous n'ayez pu m'en adresser deux au lieu d'un.

Recevez, Monsieur, etc.

Signé : FESCOURT,
24, rue Violet.

Paris, le 20 novembre 1893.

Monsieur,

Je vous prie de m'envoyer un autre de vos élèves, s'il y en a encore un disponible. J'ai le plaisir de vous annoncer que le premier fera probablement l'affaire.

Recevez, Monsieur, etc.

Signé : Th. DUPUY et fils,
Imp. lithographes,
22, rue des Petits-Hôtels.

Paris, le 21 novembre 1893.

Je reconnais que le jeune Amsler (Victor), élève de l'École Estienne, employé dans mes ateliers comme fondeur depuis le 1er août dernier, me donne toute satisfaction comme travail et conduite.

Je me fais un plaisir de l'attester.

Signé : A. TURLOT,
128, rue de Rennes.

Extrait d'une lettre à M. Breton.

J'ai à m'excuser de n'avoir pas répondu à votre aimable lettre de septembre, mais elle contenait des compliments qui m'ont embarrassé : laissez-moi avec ma bonne volonté gagner mes grades dans ce métier passionnant de typographe où vous êtes passé maître, laissez-moi reporter sur vos élèves un peu d'affection en souvenir de ce que vous faites pour la typographie. Car, outre que vous créez de bons ouvriers, vous leur donnez aussi de bons conseils, car ce sont des enfants charmants, bien élevés, et je n'ai qu'à me louer d'eux, et, en vous étant agréable, cela m'a rendu service.

Veuillez agréer, etc.

Signé : Turlot,
Fondeur en caractères.

Extrait d'une lettre adressée à M. Breton, professeur de composition typographique.

Paris, le 21 novembre 1893.

Je pense que cette lettre ne s'est pas égarée. Elle se terminait par des compliments à l'adresse de vos apprentis. Ce sont de bons ouvriers. J'ai étudié M. Wetzel, qui est dernièrement entré dans la maison : c'est un garçon très sérieux et consciencieux; pour M. Coyart, c'est un artiste : il est à la maison livré à lui-même, et ses productions sont empreintes d'une originalité qui me fait chaque jour apprécier ses services. C'est un élève qui fera honneur à son maître.

Soyez-en assuré.

Signé : Turlot,
Fondeur en caractères.

Monsieur Breton, professeur à l'École Estienne.

Paris, le 22 novembre 1893.

Monsieur,

Si je n'ai pas répondu immédiatement à votre première demande de renseignements sur les jeunes compositeurs Leuck et Gallet, vos anciens élèves, c'est que je ne croyais pas qu'il y eût urgence.

L'un et l'autre ont très bien exécuté les compositions que nous leur avions confiées et nous n'avons eu qu'à nous louer de leur conduite comme de leur travail.

Ce sont de bons ouvriers, avec un excellent esprit.

Veuillez agréer, etc.

Signé : Motteroz,
Librairies-Imprimeries réunies.

Paris, le 22 novembre 1893.

Monsieur Dupuy,

En réponse à la demande de certificat que vous me demandez sur le jeune ouvrier M. Lepetit que vous avez placé chez moi, je certifie qu'il fait très bien mon affaire. J'en suis très content, autant pour son travail que pour sa bonne tenue.

Quant aux appointements, pour le moment, il gagne environ 5 francs par jour, et par la suite, selon son habileté, il se fera davantage.

Ayant été très bien dressé à tous les genres, il deviendra par le temps bon ouvrier.

Signé : Lallemand.

Paris, le 22 novembre 1893.

Monsieur le Directeur,

J'ai l'honneur de vous informer que j'ai embauché votre ancien élève Morat; quoique depuis peu de temps dans nos ateliers, ses aptitudes m'ont paru suffisantes pour le mettre sur le pied d'égalité avec les autres margeurs de notre maison ; j'espère même, s'il tient ce qu'il promet, pouvoir en faire l'un de nos conducteurs.

Agréez, Monsieur le Directeur, etc.

Signé : L. Guernier,
Prote à l'Imprimerie des Arts
et Manufactures.

Monsieur le Directeur de l'École Estienne.

Paris, le 23 novembre 1893.

Monsieur,

C'est avec plaisir que je m'empresse de vous donner des nouvelles de votre ancien élève Champflour.

Depuis le mois d'août dernier qu'il est entré dans nos ateliers, je n'ai qu'à me louer de sa conduite et de son travail, *aussi l'ai-je mis tout de suite au prix ordinaire des ouvriers;* il est employé aux pièces et en conscience ; je lui donne 65 centimes de l'heure, soit 6 fr. 50 par jour.

Je suis heureux de l'occasion qui se présente de pouvoir vous exprimer toute ma satisfaction.

Veuillez agréer, Monsieur le Directeur, mes sincères salutations.

Signé : L. Guernier,
Prote à l'Imprimerie des Arts
et Manufactures.

Paris, le 23 novembre 1893.

Monsieur,

C'est avec plaisir que je constate que le jeune homme nommé Bizet, que vous avez placé chez moi en quittant l'École Estienne, me satisfait par son travail. Il a beaucoup d'attention et je l'ai déjà augmenté ; il gagne maintenant 20 francs par semaine, et, s'il continue dans ses bonnes dispositions, je l'augmenterai progressivement.

Agréez, etc.

Signé : Blitz,
Graveur-dessinateur,
1, rue des Écoles.

Paris, le 24 novembre 1893.

Monsieur,

Vous m'avez demandé si nous étions contents du jeune Vauquelin, sorti de votre École. J'ai le plaisir de vous dire que nous en sommes entièrement satisfaits. Il a acquis près de vous tous les éléments indispensables pour en faire un bon ouvrier, il ne lui reste qu'à les mettre en pratique, en acquérant l'agilité indispensable à notre métier.

Si l'année prochaine vous avez à nous offrir un élève dans les mêmes conditions que le jeune Vauquelin, nous l'accepterons avec plaisir.

Signé : Schœffer,
Maison Buisson fils (clicherie),
rue Bonaparte, 70 *bis*.

Extrait d'une lettre de M. Champenois, membre de la Commission de surveillance de l'École Estienne.

Je suis toujours content de Villeneuve, garçon très sérieux, appliqué et travailleur adroit.

Je vous prie d'agréer, Monsieur le Directeur, l'expression de mes très dévoués sentiments.

Signé : CHAMPENOIS,
66, boulevard Saint-Michel.

Paris, le 24 novembre 1893.

Je, soussigné, déclare que M. Mathieu, de l'École Estienne, élève de M. Mauler, professeur de lithographie, a fait en toutes circonstances preuve d'une parfaite éducation et d'une très bonne instruction professionnelle.

En foi de quoi je donne à qui de droit le présent certificat.

Signé : L. BOURGEOIS,
5, rue Guy-de-la-Brosse.

Paris, le 24 novembre 1893.

Nous certifions que M. Belletante, élève de l'École Estienne, est employé dans l'imprimerie A. Maulde et Cⁱᵉ en qualité de typographe et qu'il nous donne toute satisfaction dans son travail.

Pour MM. A. Maulde et Cⁱᵉ, imprimeurs
Signé : DOUMERC.

Paris, le 25 novembre 1893.

Je certifie que M. Kieffer, élève de l'École Estienne, employé comme ouvrier chez M. Chambolle, relieur-doreur, rue du Pont-de-Lodi, n° 1, remplit bien son travail; aussi M. Chambolle vient-il de lui donner une augmentation de salaire. Ce jeune homme a reçu de très bonnes notions et est appelé à faire un bon ouvrier.

Signé : A. GODEFROY,
Premier doreur de la maison Chambolle.

Paris, le 25 novembre 1893.

Je certifie que M. Grigny, élève de l'École Estienne, est entré chez moi comme ouvrier et que je suis satisfait de son travail.

Signé : VERMOREL,
169, rue du Faubourg-Saint-Honoré.

Paris, le 25 novembre 1893.

Je certifie que le nommé Robert, élève de l'École Estienne, travaille dans mes ateliers et que je suis très satisfait de sa conduite et de son travail.

Signé : ENGELMANN,
Imprimeur,
16, rue Nansouty.

Paris, le 26 novembre 1893.

Je, soussigné, certifie que le nommé Wercklé (Louis), élève de l'École Estienne, entré le 18 septembre 1893 dans les ateliers (conscience) de l'Imprimerie de la Cour d'appel en qualité d'ouvrier typographe, a rempli les fonctions qui lui ont été confiées avec intelligence. Je n'ai qu'à me louer de son travail, exécuté avec goût et rapidité.

Signé : L. MARETHEUX,
Directeur de l'Imprimerie de la Cour d'appel,
1, rue Cassette.

Monsieur,

Lors de votre dernière visite, vous m'avez offert un imprimeur, élève de votre École. Je puis en ce moment offrir à un de vos jeunes gens une place sérieuse dans mes ateliers comme tireur de crayon. Je vous adresse deux exemplaires du genre d'impression qui serait à exécuter, afin que vous puissiez juger celui qui pourrait prendre cette place. Dans l'attente de votre réponse, veuillez agréer, Monsieur, l'assurance, etc.

Signé : BECQUET,
Imprimerie lithographique,
37, rue des Noyers.

Paris, le 26 novembre 1893.

Monsieur le Directeur,

Je, soussigné, déclare être satisfait du jeune Damy pour l'intelligence avec laquelle, dans ma spécialité, il utilise ses connaissances en gravure.

J'ai le bon espoir d'ici peu de pouvoir l'employer couramment, ne pouvant pour le moment que lui confier des travaux dans la mesure de sa force.

Signé : Aug. MOUCHON,
Graveur,
1, quai Saint-Michel.

Paris, le 27 novembre 1893.

Je, soussigné, A. Nordmann, déclare que le nommé Émile Sourliamy travaille dans mon atelier comme dessinateur lithographe, j'ai tout lieu d'être satisfait ; je remarque qu'il a reçu une bonne instruction professionnelle et ne doute pas qu'avec de la bonne volonté, il ne devienne un bon ouvrier.

Signé : NORDMANN,
18, rue des Quatre-Vents.

Paris, le 27 novembre 1893.

Je me déclare pleinement satisfait du travail et de la conduite du jeune Briand, employé dans mes ateliers en qualité de compositeur typographe.

Signé : POCHY,
Imprimerie de *l'Éclair*,
21, rue Croix-des-Petits-Champs.

Paris, le 28 novembre 1893.

Je, soussigné, Georges Devy, artiste peintre, dessinateur de la Faculté de Paris, certifie que M. Hippolyte Frantz est occupé dans mon atelier depuis le 15 septembre 1893. Je n'ai qu'à me louer de son exactitude, de son intelligence et de son travail.

Signé : G. DEVY.

———

Paris, le 5 janvier 1900.

. . . .

Je suis, je crois, un des mieux placés dans la gravure pour apprécier les résultats de cette solide instruction professionnelle ; depuis plusieurs années, le recrutement de mes collaborateurs se fait en partie à l'École et j'ai eu la satisfaction d'avoir, presque toujours, des élèves qui, après avoir fait honneur à leurs professeurs, ont continué leur route dans la voie du progrès et sont devenus des ouvriers d'art distingués.

Je souhaite donc à ces jeunes gens de marcher sur les traces de leurs prédécesseurs, afin d'arriver à posséder par la suite le maximum de talent, de sens artistique et d'habileté, ce qui relève l'intelligence, forme l'esprit et le cœur en faisant l'honnête homme, le bon citoyen et l'artiste destiné à tenir toujours haut le goût français.

Avec tous mes remerciements, veuillez agréer, Monsieur le Directeur, l'assurance de mon entier dévouement.

Signé : AUBERT,
Graveur,
76, rue du Château-d'Eau.

———

FONDERIE CASLON
35, RUE JACOB

Paris, le 25 janvier 1900.

Monsieur le Directeur de l'École Estienne,

. . . . Nous vous envoyons un catalogue de matériel d'imprimerie et serons très heureux s'il peut vous intéresser. Nous avons voulu présenter nos produits et faire une œuvre typographique utile et nous sommes bien récompensés par les nombreux éloges que nous avons reçus. Nous serons très flattés d'avoir votre haute appréciation sur notre travail, si vous l'en jugez digne.

Veuillez recevoir, Monsieur le Directeur, nos salutations distinguées.

Pour MM. H.-W. Caslon et Cie :
Signé : RADIGUET.

Nous tenons à vous signaler qu'une bonne partie de ce catalogue a été composée par un de vos anciens élèves, M. Mangeot, qui est typographe dans notre fonderie.

EFFECTIFS DES ENTRÉES ET DES SORTIES (1889-1899)

Années scolaires	Élèves entrés en				Effectif total	Élèves sortis en fin d'études des ateliers de															Total des élèves sortis après leurs quatre années
	1re année	2e année	3e année	4e année		Fonderie en caractères	Composition typograph.	Clichage-galvanoplast.	Impress. typographique	Reliure	Dorure sur cuir	Écriture lithographique	Gravure sur pierre	Dessin lithographique	Impress. lithographique	Gravure sur bois	Gravure en taille-douce	Gravure en relief	Impress. en taille-douce	Photographie et procédés	
1889-90	116	»	»	»	116	»	»	»	»	»	»	»	»	»	»	»	»	»	»	»	»
1890-91	106	89	»	»	195	»	»	»	»	»	»	»	»	»	»	»	»	»	»	»	»
1891-92	74	82	75	»	231	»	»	»	»	»	»	»	»	»	»	»	»	»	»	»	»
1892-93	69	68	74	64	275	1	9	2	1	6	3	1	4	7	7	5	5	1	2	3	57
1893-94	73	47	53	58	231	2	6	5	7	1	2	2	5	5	7	4	3	1	2	1	53
1894-95	74	61	42	48	225	1	8	2	1	4	2	2	3	10	3	3	»	3	1	»	43
1895-96	69	68	41	40	218	2	5	1	3	1	3	2	2	6	4	1	1	3	3	1	38
1896-97	85	63	48	37	233	»	7	2	1	»	2	3	3	6	2	3	3	3	1	»	36
1897-98	86	65	53	40	244	4	4	2	3	2	1	3	4	4	3	1	1	3	»	1	36
1898-99	83	67	52	38	240	»	4	»	1	4	3	2	6	6	3	2	3	1	2	»	37
Totaux.......						10	43	14	17	18	16	15	27	44	29	19	16	15	11	6	300

OBSERVATIONS

On peut évaluer à environ 50 p. 100 la moyenne des départs volontaires dans le cours des quatre années, c'est-à-dire avant la fin de l'apprentissage, pour divers motifs :

Apprentissage trop long ;
Désir ou besoin de recevoir un salaire à bref délai ;
Décès, maladies, etc.

Le chiffre 57 inscrit en tête de la dernière colonne correspond au chiffre 116 inscrit en tête de la sixième colonne. Ces deux chiffres représentent l'entrée et la sortie de la 1re promotion.

Les chiffres suivants dans ces deux colonnes sont également corrélatifs et représentent les six dernières promotions.

Seuls, les trois derniers chiffres de la sixième colonne ne correspondent avec aucun de ceux de la dernière, ces élèves n'ayant pas encore quitté l'École.

PROMOTION DE 1893

NOMS DES ÉLÈVES	ATELIERS AUXQUELS ILS APPARTENAIENT	MAISONS OÙ ILS ONT DÉBUTÉ	ADRESSES DE CES MAISONS	SALAIRE QUOT. À CE MOMENT	OBSERVATIONS
Amsler, Victor	Fonderie typo.	Turlot	128, rue de Rennes	3 »	
Belletante, Arthur	Composition typo.	Maulde	144, rue de Rivoli	6 50	
Briand, François	—	Pochy (*Éclair*)	21, r. Cr.-d.-Pet.-Ch.	7 »	
Champflour, Fortuné	—	Imp. d. Arts et Manuf.	12, rue Paul-Lelong	6 50	
Coyart, Charles	—	Turlot	128, rue de Rennes	7 »	
Gallet, Alphonse	—	Imp. réunies (Motteroz)	7, rue Saint-Benoît	6 50	
Leuck, Léon	—	—	2, rue Mignon	7 »	
Marcilly, Armand	—	chez son père	93, rue de Rennes	»	
Wercklé, Louis	—	Marethoux	1, rue Cassette	7 »	
Wetzel, Henri	—	Turlot	128, rue de Rennes	6 »	
Vauquelin, Armand	Clicherie-galv.	Buisson	70, rue Bonaparte	4 »	
Weiss, Jean	—	Roger aîné	9, av. La Bourdonnais	3 50	(1) 5 fr. à partir du 1er novembre.
Moral, Louis (1)	Impression typo.	Imp. d. Arts et Manuf.	12, rue Paul-Lelong	4 50	
Gache, Louis	Reliure	Engel	91, r. du Cherche-Midi	3 50	
Grigny, Paul	—	Vermorel	108, faub St-Honoré	3 50	
Guellier, Georges	—	Lenègre	à Montrouge	3 50	
Hermann, Joseph	—	Engel	91, r. du Cherche-Midi	3 50	
Martin, Louis	—	Unsworth	4 *bis*, rue St-Sauveur	3 »	
Schæffer, Louis	—	Engel	91, r. du Cherche-Midi	3 50	
Chevalier, Alphonse (2)	Dorure	Leclère	47, rue de Grenelle	1 »	(2) Apprentissage incomplet à l'École, malade près d'un an en 1892.
Jubin, Pierre	—	»	»	»	
Kieffer, René	—	Chambolle	1, rue du Pont-de-Lodi	3 »	
Oswald, Victor	Écriture litho.	»	»	»	
Bizet, Gaston	Gravure sur pierre	Blitz	1, rue des Écoles	4 »	(3) Dessins pour gravure.
Christophe, Stéph. (3)	—	*Plume, Chron. amus.*	»	3 »	
Garet, Émile	—	Camis	58, rue Saint-Sabin	4 50	
Lepetit, Camille	—	Lallemand	70, faub. St-Martin	5 »	
Bossard, Léon	Dessin lithographique	Renaud	5, rue de Marseille	3 »	
Fleury, Émile	—	Guesme	23, rue Bréa	3 25	
Geoffroy, Louis	—	Granger	61, rue M.-le-Prince	4 »	
Jeannet, Louis	—	Gautard	avenue du Maine	3 50	
Mathieu, Paul	—	Bourgeois	5, rue Guy-de-la-Brosse	2 »	
Sourliamy, Emile	—	Nordmann	18, r. des Quatre-Vents	3 »	
Villeneuve, Philibert	—	Champenois	68, boul. St-Michel	3 75	(4) Salaire non encore fixé.
Barré, Paul	Impression litho.	Parrot et Cie	12, rue du Delta	3 50	
Duveauferrier, Louis	—	Soisson	45, rue de Fleurus	3 »	(5) Continuent leurs études dans les mêmes conditions qu'à l'École.
Hermann, François	—	Palyart et fils	8, rue Georges	3 »	
Levelut, Albert	—	Dupuy et fils	22, r. des Petits-Hôtels	4 50	
Montassier, Gaston	—	Bernard et Ferrand	15, rue du Gr.-Prieure	6 »	
Robert, Pierre	—	Engelmann	16, rue Nansouty	4 50	(6) Dessins anatomiques (admis au Salon des Champs-Élysées, 1893).
Roux, Paul	—	Dupuy et fils	22, r. des Petits-Hôtels	4 50	
Besançon, Léon (4)	Gravure sur bois	Bazin	44, avenue du Maine	»	
Boizot, Emile (5)	—	Pannemaker	2, rue Séguier	800 fr.	(7) Admis au Salon des Champs-Élysées, 1893. Mention honorable.
Groley, Albert (5)	—	—	—	400 fr.	
Mazuet, Georges (5)	—	—	—	600 fr.	
Védier, Gaston (5)	—	—	—	400 fr.	
Frantz, Hippolyte (6)	Gravure en t.-d.	École de médecine	»	5 »	(8) 1er janvier prochain, 4 fr. 50; 1er avril 1894, 6 francs. (lettre des patrons).
Gibert, Maurice	—	»	»	»	
Montalescot, Maurice	—	»	»	»	
Mosser, Albert	—	Belton	à Fontenay	3 »	
Quidor, Gabriel (7)	—	Rouasse-Lebel	23, rue St-Sulpice	5 »	(9) 4 fr. et nourriture à midi à partir du 1er janvier.
Damy, Alfred	Gravure en relief	Mouchon père	1, quai St-Michel	4 »	
Blondeau, Paul (8)	Impression en t.-d.	Eudes et Chassepot	rue de la Glacière	3 »	
Lagrange, Edouard	—	—	—	3 »	(10) Service militaire depuis le 10 novembre.
Boutaire, Anselme (9)	Photographie	Fescourt	24, rue Violet	3 »	
Delorme, Jean (10)	—	»	»	»	
Ducatez, Albert	—	Yves	4, 6, rue Thévenot	»	

Age moyen : 17 ans et demi. — Salaire moyen : 4 francs par jour.

PROMOTION DE 1894

NOMS DES ÉLÈVES	ATELIERS AUXQUELS ILS APPARTENAIENT	MAISONS OÙ ILS ONT DÉBUTÉ	ADRESSES DE CES MAISONS	SALAIRE QUOT. A CE MOMENT	OBSERVATIONS
Touchet, Albert	Fonderie typo.	Huvé	14, rue Vavin	5 50	
Veimberg, Auguste	—	Beaudoire	1, rue Duguay-Trouin	3 50	
Darroux, Étienne	Composition typo.	Lahure	9, rue de Fleurus	6 50	
Fracheboux, Auguste	—	Lemarié	à Dammartin	5 »	
Huguenin, Louis	—	Gauthier-Villars	quai des Augustins	6 50	
Lalande, Emmanuel	—	Schmidt	à Montrouge	6 50	
Mercey, Claude	—	Duruy	rue Dussoubs	6 50	
Sulpice, Aimé	—	—	—	6 50	
Barrois, Henri	Clicherie-galv.	Cleret	rue des Fontaines	3 50	
Chevallier, Fernand	—	Buisson	rue Bonaparte	4 50	
Lombard, Ernest	—	—	—	4 50	
Lefrère, Édouard	—	Lépice	à Maisons-Laffitte	5 »	
Paquier, Étienne	—	Guérin et Derenne	10, rue Rochechouart	4 »	
Barroux, Antoine	Impression typo.	Coubé et Cie	à Billancourt	3 »	
Cuffaut, Gustave	—	Lahure	9, rue de Fleurus	3 »	
Douchet, Gérard	—	Alcan-Lévy	rue Chauchat	2 50	
Duploy, Victor	—	Lahure	9, rue de Fleurus	4 »	
Frioux, Louis	—	Dræger et Lesieur	118, rue de Vaugirard	4 »	
Laurent, Eugène	—	Boussod et Valadon	à Asnières	5 »	
Zabé, Louis	—	Merch	4 bis, av. de Châtillon	3 50	
Columeau, Fernand	Reliure	Rapartier	7, rue des Canettes	4 »	
Berger, Charles (1)	Dorure	»	»	»	(1)
Tallebard, Louis	—	Ritter	6, rue de Savoie	3 50	
Lozier, Joseph	Écriture litho.	»	à Troyes (Aube)	4 »	
Queille, Maurice	—	Viollet	29, rue Bouchardin	4 50	
Daumain, Alphonse	Gravure sur pierre	Aubert	rue du Château-d'Eau	5 »	
Lecoispellier, Charles	—	Larmée	rue de Bretagne	4 »	
Philippe, Aimé	—	Varher	r. de l'Abbé-de-l'Épée	3 50	
Schnerb, Henri	—	Lallemand	50, faub. St-Denis	4 »	
Vandenhandenhuyse	—	Maire	r. du Faub.-du-Temple	4 »	
François, René	Dessin lithographique	Camis	172, quai Jemmapes	4 »	
Giraldon, Jean	—	—	—	4 »	
Hennebelle, Charles	—	Bergeron	48, avenue d'Orléans	3 50	
Mellis, Adrien	—	Guesnu	16, rue Bréa	4 »	
Millet, Louis	—	Champenois	66, boul. St-Michel	4 50	
Bonnardel, Marcel	Impression litho.	Engelmann	16, rue Nansouty	3 50	
Champoudry, Léon	—	Halembourg	5, rue des Fontaines	3 »	
Coing, Lucien	—	Chartier	78, faub. St-Martin	4 »	
Demay, Antonin	—	Champenois	66, boul. St-Michel	4 50	
Gabaud, Georges	—	Schneider et May	à Levallois-Perret	4 »	
Leclère, Henri	—	Michel et fils	8, passage du Caire	4 »	
Toussaint, Paul	—	Coubé et Cie	à Billancourt	3 50	
Grandjean, Georges	Gravure sur bois	Miniot	5, boulevard Voltaire	3 »	
Hourriez, Georges	—	Pannemaker	3, rue Leclerc	5 »	
Maréchal, Louis (2)	—	»	»	»	(2)
Messager, Auguste	—	Philippe	2, quai Jemmapes	2 50	
Leseigneur, Henri (3)	Gravure en t.-d.	»	»	4 »	
Pagniez, Louis (3)	—	»	»	»	(3)
Villebesseyx, Georges	—	Hariveau	39, boul. de Strasbourg	3 »	
Serre, Antoine	Gravure en relief	Vorsansée	14, rue de l'Arrivée	3 50	
Froidevaux, Édouard	Impression en t.-d.	Revellat	quai des Gr.-Augustins	3 50	
Joiris, Auguste	—	Delâtre	3, rue Campagne-Prem.	5 »	
Meyer, Camille	Photographie	Halle	34, rue de Seine	4 »	

(1) Il a quitté cet état pour entrer à l'École normale d'instituteurs de Versailles.

(2) Rentré dans sa famille.

(3) Travaillent chez eux : dessins et planches pour éditeurs divers.

Age moyen : 17 ans 4 mois. — Salaire moyen : 4 fr. 25.

PROMOTION DE 1895

NOMS DES ÉLÈVES	ATELIERS AUXQUELS ILS APPARTENAIENT	MAISONS OU ILS ONT DÉBUTÉ	ADRESSES DE CES MAISONS	SALAIRE QUOTIDIEN AU MOMENT	OBSERVATIONS
Touchet, Charles	Fonderie typo.	Bertrand	8, rue de l'Abbaye	5 50	
Bienner, Edmond	Composition typo.	Capitaine	rue des Bourdonnais	6 50	
Clot, Léopold	—	Boullay	Cour des Miracles	6 50	
Legourd, Désiré	—	Lavaux	à Montreuil	5 50	
Mâlon, Robert	—	Lagarde	rue de l'Arcade	5 50	
Mangeot, Lucien	—	Schiller	faub. Montmartre	6 50	
Marescaux, Paul	—	Pochy (*Éclair*)	2, r. Cr.-d.-Pet.-Champs	6 50	
Wercklé, Henri	—	Lemarié	à Dammartin	5 »	
Wildt, Charles	—	Charaire	à Sceaux	5 50	
Druet, Gaston	Clicherie-galv.	Stranski	21, rue St-Sauveur	4 »	
Harand, Georges	—	Roussel	rue Visconti	4 50	
Cauchard, Léon	Impression typo.	Marpon	275, faub. St-Martin	2 »	
Baccala, Rodolphe	Reliure	Degruyter	27, rue N.-D.-de-Naz.	2 50	
Chanat, Charles	—	Bellamy	25, rue Feydeau	4 »	
Dhuyvetter, Georges	—	anc. maison Dubois	rue Furstemberg	3 »	
Prat, Philippe	—	Engel	98, r. du Cherche-Midi	3 50	
Henriot, Henri (1)	Dorure	Marius-Michel	74, rue de Seine	3 »	(1) Promesse de 4 fr. au 1er janvier 1896.
Viandon, Georges	—	Gruel	418, rue St-Honoré	3 50	
Frichot, Georges	Écriture litho.	chez ses parents	»	»	
Ladmirault, Louis	—	Engelmann	16, rue Nansouty	4 »	
Baboulène, Charles	Gravure sur pierre	Reullier	rue Larrey	3 50	
Gonnot, Gustave	—	Breger	38, boul. St-Germain	3 50	
Sottiaux, Oscar	—	Grandrémy et Hénon	quai de la Râpée	4 »	
Bérard, Henri	Dessin lithographique	Bergeron	48, avenue d'Orléans	6 »	
Boutry, Arsène	—	Katz	à Vincennes	5 »	
Bouvet, Raoul	—	Mauler	55, r. du Cherche-Midi	5 »	
Charles, France	—	Nordmann	18, r. des Quatre-Vents	6 »	
Derouard	—	Katz	à Vincennes	5 »	
Metzner, Charles	—	Servando	13, rue Oberkampf	4 »	
Morizot, Eugène	—	Katz	à Vincennes	5 »	
Schneider, Georges	—	Mauler	55, r. du Cherche-Midi	5 »	
Villatte, Gustave	—	—	—	3 »	
Vincent, Louis	—	—	—	5 »	
Dagnet, Maurice	Impression litho.	Jutet	68, rue Richelieu	4 »	
Hunsicker, Ernest	—	Engelmann	16, rue Nansouty	4 50	
Tassel, Henri	—	Verger et Cie	180, rue Lafayette	5 »	
Broutin, Joseph	Gravure sur bois	French	rue de Vaugirard	3 »	
Hubet, Maurice	—	Lefranc	7, rue Bracquemond	3 »	
Janvier, Léon	—	Maréchal	4, rue de Jarente	5 »	
Desquand, Émile	Gravure en relief	Mineur	2, rue du Bouloi	3 »	
Groley, Paul	—	Valenstein	14, faub. St-Martin	3 25	Aucun élève graveur en taille-douce ou photograveur n'est sorti en fin d'études.
Schmitt, Léon	—	Laigneau	12, rue du Fouarre	3 »	
Dagnet, Édouard	Impression en t.-d.	Delâtre	3, rue Campagne-Prem.	5 »	

Age moyen : 17 ans. — Salaire moyen : 4 fr. 50.

PROMOTION DE 1896

NOMS DES ÉLÈVES	ATELIERS AUXQUELS ILS APPARTENAIENT	MAISONS OU ILS ONT DÉBUTÉ	ADRESSES DE CES MAISONS	SALAIRE QUOT. A CE MOMENT	OBSERVATIONS
Chenevée, Paul......	Fonderie typo.	Tuleu	58, rue d'Hauteville	4 »	
Thibaut, Jean........	—	Mayeur	21, rue Montparnasse	5 »	
Bonard, Maurice.....	Composition typo.	Houpied	rue Royer-Collard	6 »	
Canard, Louis........	—	Guérin	rue Rochechouart	5 50	
Carré, Eugène........	—	Capiomont	6, rue des Poitevins	6 »	
Désirat, Gabriel......	—	Lucas	54, rue de Vaugirard	4 50	
Devuassoux, Georges.	—	Jourdan	rue de la Goutte-d'Or	4 50	
Lemaire, Émile......	Clicherie-galv.	Pichot	115, rue N.-D.-des-Ch.	3 50	
Loche, Léon.........	Impression typo.	Vermot	19, rue du Moulin-Vert	3 »	
Robot, Ernest.......	—	—	—	4 »	
Welsch, Edmond....	—	Boussod et Valadon	à Asnières	5 »	
Gambette, Marcel.....	Reliure	Bellamy	8, rue Paul-Lelong	4 50	
Lambert, Ernest. ...	Dorure	Martin	2, r. St-Thomas-d'Aquin	3 »	
Mottet, Georges......	—	Meunier	75, boul. Malesherbes	2 60	
Pagnier, Charles....	—	Profit	31, av. de la République	5 25	
Brénéol, Albert......	Écriture litho.	Minot	5, rue Béranger	3 50	
Chêne, Hippolyte.....	—	Boguard	1, rue Jules-César	4 »	
Allemand, Louis......	Gravure sur pierre	Blitz	1, rue des Écoles	4 »	
Nicolitch, Constantin (1.	—	»	»	»	(1) Retourné chez son père en Serbie.
Aubaud, Albert.......	Dessin lithographique	Mauler	9, rue de l'Estrapade	5 »	
Brémont, Georges....	—	—	—	5 »	
Chantesais, Louis.....	—	Champenois	66, boul. St-Michel	5 »	
Lequien, Jules	—	Camis	172, quai Jemmapes	4 25	
Mansuy, René........	—	Delval	55, rue de Vaugirard	5 »	
Marchand, Léon.....	—	—	—	5 »	
Aufaure	Impression litho.	Dupuy	22, rue des Petits-Hôtels	5 50	
Drugeon.............	—	Imprimerie du Soleil	55, rue de Vaugirard	4 50	
Legal...............	—	Lelièvre	25, impasse de Lancry	4 »	
Pajot...............	—	Dupuy	22, rue des Petits-Hôtels	5 50	
Frérebeau, Maurice..	Gravure sur bois	Pannemaker	3, rue Leclerc	2 »	
Forge, Edmond (2)....	Gravure en t.-d.	»	»	»	(2) Resté provisoirement dans sa famille
Becker, Samuel	Gravure en relief	Tuleu	58, rue d'Hauteville	2 »	
Galoisy, Benoît......	—	Foucault	29, av. de la République	2 »	
Leroyer, Louis.......	—	Béharel	6, rue des Poitevins	3 50	
Amblard, Charles.....	Impression en t.-d.	Dépoy	55, rue d'Argout	5 »	
Guinot, Charles.......	—	Porcabœuf	187, rue St-Jacques	4 »	
Naudet, Alfred.......	—	Péronneau	285, rue St-Jacques	5 »	
Gageat, Léon........	Photographie	Prieur	à Puteaux	4 »	

Age moyen : 16 ans 10 mois. — Salaire moyen : 4 fr. 30.

PROMOTION DE 1897

NOMS DES ÉLÈVES	ATELIERS AUXQUELS ILS APPARTENAIENT	MAISONS OU ILS ONT DÉBUTÉ	ADRESSES DE CES MAISONS	SALAIRE QUOT. A CE MOMENT	OBSERVATIONS
Barnet, Henri.........	Composition typo.	Pillet et Dumoulin	rue Christine	6 50	
Bournerie, François..	—	Mayeur	21, r. Montparnasse	4 »	
Coulaudont, Benjamin	—	*Bulletin des Halles*	rue J.-J.-Rousseau	6 50	
Derreux, Louis	—	Lemasson	rue Milton	6 50	
Lajunie, Jules........	—	Maurice	rue de Rennes	6 50	
Raynaud, Fernand....	—	Lemasson	rue Milton	6 50	
Valette, Georges......	—	»	»	»	
Bachelier, Maurice....	Clicherie-galv.	Puchot	21, r. N.-D.-des-Ch.	»	
Royer, Henri........	—	Imprimerie Française	123, rue Montmartre	6 »	
Varoqueaux, Albert...	Impression typo.	Paul Dupont	à Clichy	6 »	
André, Camille......	Dorure	Gruel	148, rue St-Honoré	4 »	
Leroy, Paul........ ...	—	Lebrun et Lagarrigue	26, rue St-Sauveur	5 »	
Floure, Adolphe......	Écriture litho.	»	»	»	
Georges, Irénée......	—	»	»	»	
Piton, Charles........	—	Portier	58, rue M.-le-Prince	4 50	
Benech, Gaston (1)...	Gravure sur pierre	Olivier	faub. Saint-Antoine	»	(1) Aux pièces.
Surcin, Gabriel (1)....	—	Strasmann	53, place des Vosges	»	
Valette, Gabriel......	—	Dietrich	18, r. Dupetit-Thouars	3 »	
Champonnois, G......	Dessin lithographique	Mouillot	13, quai Voltaire	4 50	
Chanier, Georges....	—	Champenois	66, boul. St-Michel	5 »	
Kempeneers, Georges	—	Mauler	9, rue de l'Estrapade	4 »	
Lasne, Charles......	—	Mourgue	»	4 »	
Pargon, Paul........	—	Mauler	9, rue de l'Estrapade	3 »	
Piquet, Charles.......	—	—	—	3 »	
Decheneaux, Georges	Impression litho.	Guillot	57, rue du Temple	4 »	
Pfrimmer, Philippe...	—	Gentil	180, faub. St-Denis	4 »	
Bornet, Paul (2)......	Gravure sur bois.	»	»	»	(2) Continuent leurs études.
Regnier, Georges (2)..	—	»	»	»	
Busière, Louis (2)....	Gravure en t.-d.	»	»	»	
Reidel, Henri (3)......	—	Devambéze-Staal	»	»	(3) Aux pièces.
Vigné, Eugène (4)....	—	»	»	»	(4) Continue ses études.
Decourty, Joanny.....	Gravure en relief	Souze	18 *bis*, imp. du Maine	3 »	
Henriot, Maurice.....	—	Peignot	68, b. Edgar-Quinet	3 »	
Lachenay, Émile......	—	Lohére	10 *bis*, r. de la Gaité	3 50	Aucun élève fondeur, relieur ou photograveur n'est sorti en fin d'études.
Descornez, Charles...	Impression en t.-d.	Lemercier	44, rue Vercingétorix	6 »	

Age moyen : 17 ans et demi. — Salaire moyen : 4 fr. 65.

PROMOTION DE 1898

NOMS DES ÉLÈVES	ATELIERS AUXQUELS ILS APPAR-TENAIENT	MAISONS OU ILS ONT DÉBUTÉ	ADRESSES DE CES MAISONS	SALAIRE QUOT. A CE MOMENT	OBSERVATIONS
Berlot, Auguste......	Fonderie typo.	Peignot	68. b. Edgar-Quinet	3 »	
Chenevée, James.....	—	—	—	4 50	
Leconte, Edmond....	—	Beaudoire	13, rue Duguay-Trouin	5 »	
Oudin, Édouard......	—	—	—	4 50	
Biteaud, Jean........	Composition typo.	Kugelmann	12, r. Grange-Batelière	6 50	
Dorgan, Léon..	—	—	—	6 50	
Goulhot, Albert......	—	chez ses parents	à Bagnolet	»	
Hérupé, Émile.......	—	Manillot	à Issy-les-Moulineaux	6 »	
Guérineau, Alphonse.	Clicherie-galv.	Roussel	13, rue Visconti	3 50	
Méjanès, Victor......	—	Victor Michel	3, rue Duguay-Trouin	4 »	
Dugué, Louis........	Impression typo.	Mariette	171, rue du Temple	4 50	
Richard, Joseph.... .	—	Neurdein	52, avenue de Breteuil	4 50	
Thuillier, Victor (1°. .	—	»	»	»	(1) A quitté Paris avec sa famille.
Treignat, Léon......	Reliure	Lortic	50, r. S¹-André-des-Arts	4 »	
Wagner, Philippe....	- -	Randeymes	22, rue Saint-Jacques	2 75	
Lamic, François.....	Dorure	Lortic	50, r. S¹-André des-Arts	3 »	
Abondance, Maur....	Écriture litho	Abondance (2)	20, r. S¹⁰-Cr.-de-la-Bret.	5 »	(2) Son père.
Bordes, François.. ..	—	Sillard et Larcy	4, pass. des Panoramas	4 50	
Dobbelaère, Gaston (3)	—	Besson	4, r. Victor-Considérant	4 »	(3) Comme dessinateur autographe.
Fauvelet, Henri.......	Gravure sur pierre	Aubert	à Paris	4 »	
Lelong, Raoul...	—	Martini	à Troyes	5 50	
Prost, Gaston........	—	Baguet	boul. de Strasbourg	4 »	
Sauvigny, Alfred.....	—	Dupuy	74, r. du Card.-Lemoine	4 50	
Besson, Raoul...	Dessin lithographique	Rools	55, r. du Château-d'Eau	4 50	
Blanchard, Léon	—	Lenfant	49, rue Liancourt	4 »	
Couignoux...........	—	Camis	172, quai Jemmapes	3 50	
Hameroux, Louis (4)..	—	»	»	»	(4) Sans renseignement.
Blacconi, Georges....	Impression litho.	Mauler	9, rue de l'Estrapade	4 »	
Proust, Edmond......	—	Hariveau et Keufer	boul. de Strasbourg	4 »	
Racine, Jules (5).....	—	Engelmann	16, rue Nansouty	4 »	(5) Comme essayeur-conducteur lithographe.
Porraz, Maurice.....	Gravure sur bois	»	9, rue Forest	4 50	
Serres, Raoul (6)......	Gravure en t.-d.	Goupil	»	. »	(6) Il a postulé pour l'École des Beaux-Arts.
Chassin, Henri.......	Gravure en relief	Beharel	62, rue Mazarin	3 30	(7) Admis à faire une 5° année à l'École.
Deneuchatel, Maurice	—	Laignaud	rue Lagrange	3 »	
Fusilier, Gabriel (7....	—	»	»	»	Aucun élève imprimeur en taille-douce n'est sorti en fin d'études.
Pinault, Henri........	Photographie	Berthaud	31, rue de Bellefonds	4 »	

Âge moyen : **17** ans et demi. — Salaire moyen : **4 fr. 30.**

PROMOTION DE 1899

NOMS DES ÉLÈVES	ATELIERS AUXQUELS ILS APPARTENAIENT	MAISONS OU ILS ONT DÉBUTÉ	ADRESSES DE CES MAISONS	SALAIRE QUOT. A CE MOMENT	OBSERVATIONS
Block, Émile........	Composition typo.	Imp. réunies (Motteroz)	7, rue Saint-Benoît	6 50	
Regnault, Charles (1).	—	Lamy	124, b. de la Chapelle	6 50	(1) Aux pièces. Moy.
Saint-Ouen, Gabriel.	—	Brunswick	6, impasse Rodier	5 »	
Vilnet, René (2)......	—	Paul Dupont	rue du Bouloi	6 50	(2) Aux pièces, au tarif; 65 à 75 c. de l'heure suivant travail. Moy.
Breton, Gabriel.......	Impression typo.	Chaix	20, rue Bergère	4 »	
Blanchetière, Henri...	Reliure	Lortic	50, r. St-André-d.-Arts	3 »	
Jobelin, Alphonse....	—	Meunier	35, rue Delaborde	4 »	
Miquel, Ernest.......	—	Luichon	26, rue du Mt-Thabor	3 »	
Pinault, Paul........	—	Cartier	à Montrouge	»	
François, Albert.....	Dorure	François (3,	60, r. Bourbon-le-Chât.	4 »	(3) Son père.
Lanoë, Charles (4) ...	—	»	»	»	(4) Trav. avec son père.
Lauer, Paul.........	—	Meunier	36, rue Delaborde	4 »	
Delachaussée, Paul..	Écriture litho.	Portier	22, rue M.-le-Prince	5 »	
Lamiraud, Georges...	—	Pichot	54, rue de Clichy	6 »	
Blitz, Emmanuel (5)...	Gravure sur pierre	Dantin	rue du Temple	8 50	(5) Aux pièces.
Claustres, René......	—	Le Nouel	à Troyes (Aube)	5 »	
Clément, Armand (6)..	—	chez lui	»	6 50	(6) Illust. de journaux.
Moisson, Henri..... .	—	Dupuy	6, rue Rollin	4 »	
Morial, Jean....	—	Van den Daële	18, cours Damoy	6 »	
Preux, Jacques (7).. .	—	Rollet	boul. St-Germain	5 »	(7) Graveur géographe.
Audouin, Georges....	Dessin lithographique	Gany	1, rue Christine	3 50	
Bérard, Alphonse.....	—	Mauler	9, rue de l'Estrapade	5 »	
Larivière, Pierre... .	—	—	—	4 »	
Mertz, Eugène...... .	—	—	—	5 »	
Moutier, Julien (8).. .	—	Margelidon	»	»	(8) Aux pièces.
Rottier, François.....	—	Mauler	9, rue de l'Estrapade	4 »	
Cerlet, Albert....... .	Impression litho.	Engelmann	16, rue Nansouty	4 »	
Jabaux, Lou's...	—	Imprimerie Moderne	à Arras	5 »	
Mousset, André......	—	Ronsée	184, rue Amelot	4 50	
David, Alexandre (9)..	Gravure sur bois	»	»	»	(9) Mal. à la campagne.
Dispot, Émile (10)....	—	Roussel	144, rue Lafayette	5 »	(10) 50 c. de l'heure.
Brunet, Raoul.......	Gravure en t.-d.	Imprimerie Nationale	rue Vieille-du Temple	9 »	
Bussard, Georges (11)	—	»	»	»	(11) Contin. leurs études art. en trav. ch. eux.
Maréchal, Léopold (11)	—	»	»	»	(12) Aux pièces, 5 à 6 fr. par jour.
Maréchal, Eugène....	Gravure en relief	Souze	18 bis, imp. du Maine	3 50	
Lavocat, René (12)...	Impression en t.-d.	Wittmann	10, rue de l'Abbaye	5 50	Aucun élève fondeur, clicheur ou photograveur n'est sorti de l'École en fin d'études.
Lépinay, Louis (12)...	—	—	—	5 50	

Age moyen : 17 ans et demi. — Salaire moyen : 4 fr. 85.

RÉCAPITULATION

de la situation des anciens élèves

DIFFÉRENTS ATELIERS	Anciens élèves sortis en fin d'études	Anciens élèves qui sont morts ou qui ont abandonné définitivement le métier	Anciens élèves qui ont abandonné momentanément le métier, soit pour continuer leurs études (aux Beaux-Arts), soit pour accomplir leur service militaire	Anciens élèves sur lesquels l'École ne possède aucun renseignement	Anciens élèves actuellement placés ou travaillant à leur compte	Salaire moyen actuel de ces anciens élèves	OBSERVATIONS
Fonderie en caractères.......	10	1	2	»	7	5 »	Trois promotions se trouvent actuellement sous les drapeaux. Les anciens élèves qui accomplissent leur service militaire ont tous conservé le métier appris à l'École.
Composition typographique...	43	2	5	»	36	7 »	
Clicherie-galvanoplastie......	14	2	3	3	6	7 50	Parmi les anciens élèves sur lesquels l'École ne possède actuellement aucun renseignement, beaucoup continuent le métier, tous du moins ne l'avaient pas abandonné quand on les a perdus de vue.
Impression typographique.....	17	1	2	7	7	7 »	
Reliure	18	5	4	1	8	6 »	
Dorure	16	4	1	»	11	6 50	
Écriture lithographique	15	2	3	1	9	5 50	
Gravure sur pierre..........	27	1	2	5	19	7 »	
Dessin lithographique	44	3	4	4	33	6 50	
Impression lithographique...	29	3	5	2	19	6 50	
Gravure sur bois	19	3	7	1	8	aux pièces	Impossible d'évaluer ce que gagne un graveur. Six élèves continuent leurs études à l'École des Beaux-Arts.
Gravure en taille-douce......	16	1	6	2	7		
Gravure en relief............	15	2	2	1	10	6 »	
Impression en taille-douce...	11	1	1	2	7	6 50	
Photographie-photogravure..	6	1	»	1	4	»	
Totaux.....	300	32	47	30	191	»	(1) La moyenne donnée dans la première colonne est relative à la totalité des élèves des sept premières promotions sorties depuis l'ouverture de l'École. Les autres moyennes sont établies d'après le nombre d'élèves sortis en fin d'apprentissage.
Moyennes (1).	50 0/0	11 0/0	15 0/0	10 0/0	64 0/0	»	

RÉPARTITION PAR PROFESSIONS DIVERSES
DES PARENTS DES ÉLÈVES
(moyenne des dix années)

PROFESSIONS	MOYENNE	OBSERVATIONS
Professions libérales : médecins, professeurs, hommes de lettres	8	
Fonctionnaires, employés dans les Administrations publiques.	54	Ces chiffres sont établis en prenant pour base le nombre de 240 élèves, moyenne atteinte tous les ans à la rentrée des classes.
Employés de banque, commerce, industrie	46	
Patrons, chefs de maison de commerce ou d'industrie...	53	
Ouvriers (toute personne exerçant moyennant salaire une profession manuelle)	66	
Domestiques attachés à la personne, concierges	4	
Professions indéterminées, rentiers ou sans profession	9	

Société fraternelle du personnel de l'École Estienne

Peu après les débuts de l'École, les professeurs, ayant perdu un de leurs collègues, dont la veuve restait dans la misère, avaient fait une souscription afin de venir en aide à celle-ci.

Mais, pensant qu'une collecte était un mode de secours peu efficace, ils ont eu, à plusieurs, l'idée de fonder une Société, afin de se venir en aide mutuellement dans des cas comme celui qui vient d'être cité.

Cette Société fut fondée en 1892 et a pour titre *Société fraternelle du personnel de l'École Estienne*. La cotisation mensuelle est de 1 franc.

Depuis sa fondation, la Société a eu le regret de perdre deux de ses membres, et, à eur décès, le Trésorier a versé entre les mains de chacun des ayants droit la somme de 400 francs.

La Société possède actuellement cinquante-trois membres et a en caisse la somme de 3.200 francs, qui sont placés au gré de la majorité des sociétaires.

La Société fut autorisée par arrêté préfectoral, en 1894. Son premier président fut M. Pannemaker, qui resta en fonctions pendant trois années. Depuis 1897, M. Godefroy en est le président.

La Société se réunit annuellement pour le renouvellement de son Bureau.

Elle fonctionne à l'entière satisfaction de ses sociétaires. Elle a été pour ceux-ci une occasion de faire œuvre de solidarité et de relier étroitement entre eux tous ses membres.

STATUTS DE LA SOCIÉTÉ

ARTICLE PREMIER. — La Société a pour titre : Société fraternelle du personnel de l'École Estienne; son siège social est à l'École même.

ART. 2. — Le but de la Société est de venir en aide à la veuve du sociétaire décédé, ou à la personne nominalement désignée par lui.

ART. 3. — Tout sociétaire qui devra abandonner ses fonctions, si ce n'est pour un motif infamant, ou par suite de révocation pour faute grave dans le service, pourra continuer à faire partie de la Société.

ART. 4. — Le droit d'inscription dans la Société est de 5 francs; la cotisation mensuelle est de 1 franc.

ART. 5. — Le droit d'inscription peut être acquitté en cinq versements effectués à un mois d'intervalle.

ART. 6. — Le sociétaire démissionnaire, ou celui qui, après *six* mois de non-payement des cotisations mensuelles et *deux* avertissements du Trésorier, par lettre recommandée, restés sans réponse, sera radié de la Société avec approbation ultérieure de l'Assemblée générale et ne conservera aucun droit sur les inscription et cotisations qu'il a versées.

ART. 7. — Au décès d'un sociétaire, une somme de 400 francs sera versée entre les mains de la veuve, des orphelins ou de la personne désignée par lui de son vivant.

Quand ledit sociétaire, n'ayant ni ascendant ni descendant au premier degré, n'aura pas rempli cette prescription, ses funérailles seront à la charge de la Société et une Commission, nommée immédiatement, recherchera la personne devant bénéficier du surplus.

ART. 8. — Au décès d'un sociétaire, une couronne du prix de 25 francs sera offerte à la famille, au nom de la Société fraternelle.

ART. 9. — Tous les sociétaires sont convoqués, une fois par an, en Assemblée générale. D'autres réunions peuvent avoir lieu, s'il y a nécessité.

Tout sociétaire absent à la réunion générale doit verser 2 francs d'amende à la caisse de la Société; cette amende n'est que de 1 franc pour le sociétaire excusé par lettre et de 50 centimes pour celui qui arrive après l'appel nominal ou qui se retire avant la levée officielle de la séance.

L'article 6 s'applique, dans toute sa teneur, pour la perception des amendes.

ART. 10. — L'Assemblée générale est souveraine. Toute modification aux statuts pourra toujours être apportée par elle, quel que soit le nombre des membres présents. L'Assemblée générale extraordinaire n'est souveraine que si les deux tiers des membres sont présents.

ART. 11. — Le Bureau se compose d'un Président, d'un Vice-Président, d'un Trésorier, d'un Secrétaire et de trois assesseurs. Les membres du Bureau sont nommés au scrutin secret, en Assemblée générale. La durée de leur mandat est d'un an; ils sont rééligibles. Nul ne peut être élu membre du Bureau s'il ne jouit de ses droits civils et politiques.

ART. 12. — La dissolution de la Société ne pourra être votée qu'en Assemblée générale, à la majorité des deux tiers des membres adhérents, qui décideront de l'emploi des fonds en caisse.

ART. 13. — Les discussions politiques et religieuses sont interdites dans les réunions de la Société.

ART. 14. — Le Président fera connaître à l'autorité les changements qui se seront produits dans la composition du Bureau. Il lui adressera chaque année un compte rendu de la situation morale et financière de la Société.

ART. 15. — En cas de modifications statutaires, la Société devra solliciter de nouveau l'autorisation prévue par l'article 291 du Code pénal.

ART. 16. — Dans le cas où un sociétaire quitterait l'École atteint par la limite d'âge ou par une infirmité, il pourrait être dispensé de payer ses cotisations et considéré comme sociétaire perpétuel.

Le cas sera jugé par le Bureau et sanctionné par les sociétaires en Assemblée générale.

LISTE DES MEMBRES DE LA SOCIÉTÉ

PRÉSIDENT...................... M. GODEFROY.
VICE-PRÉSIDENT .... M. PLURDAU.
TRÉSORIER...................... M. BRUNET.
SECRÉTAIRE.................... M. E. ROGER.

ASSESSEURS....................... M. REUFFLET.
                                M. BRETON.
                                M. WYNANTS.

MM.

Artru, 7, chemin des Périchaux.
Badée, 7, boulevard Arago.
Breton, 5, avenue des Gobelins.
Brunet, 27, rue Claude-Bernard.
Cirot, 19, rue Baudelique.
Cury, 26, rue des Fossés-Saint-Jacques.
Daussy, 1, quai Saint-Michel.
Decour, 69, rue de la Glacière.
Degraine, 5, rue du Lunain.
Deschamps, 3, rue Montbrun.
Desnoyers, 120, rue de Rivoli.
Détret, 26, impasse du Moulin-Vert.
Dubouchet (Henri), route de Versailles, au Petit-Châtenay.
Dufresne, 50, avenue des Gobelins.
Dupuy, 6, rue Rollin.
Duval, 18, boulevard d'Italie.
Fontaine, 18, boulevard d'Italie.
Gentien, 1 *bis*, rue Paul-Bert, à Malakoff.
Godefroy, 49, rue Dubois, à Choisy-le-Roi.
Guernier, 52, rue Saint-Sauveur.
Guetté, 5, rue Véronèse.
Hénaffe, 36, rue de la Tombe-Issoire.
Lequatre, 1, rue de Mirbel.
Lévec, 86, boulevard Saint-Marcel.
Loubatier, 6, rue de Turenne.
Main, 16, rue Louis-Blanc.
Malvoisin, 5, place d'Italie.

MM.

Massen, cité de Port-Royal.
Masson, 3, rue Niepce.
Mauler, 9, rue de l'Estrapade.
Méheux, 35, rue Lhomond.
Morlet, 4, rue de la Butte-aux-Cailles.
Pannemaker, 3, rue Leclerc.
Passard, 8, rue Abel-Hovelacque.
Pélicier, 5, rue Hautefeuille.
Plurdau, 7, villa des Gobelins.
Praslon, 11, rue du Moulin-des-Prés.
Quatrebœufs, 11, rue Tournefort.
Rançon, 18, rue Séguier.
Rathmacher, 266, rue Saint-Jacques.
Renaud, 47, rue Magenta, à Asnières.
Reufflet, 39, rue de Turenne.
Roger (Ernest), 35, rue Barrault.
Roger (Léon), 17, avenue de la Bourdonnais.
Rousselet, 18, boulevard d'Italie.
Roux, 1, rue Bonaparte.
Schott, 5, villa des Gobelins.
Sulpis, 93, rue Denfert-Rochereau.
Totain, 2, rue Carnot, à Boulogne-sur-Seine.
Trinckvel, 8, rue Abel-Hovelacque.
Vacher, 16, rue de l'Odéon.
Vidaillet, 4, rue Perdonnet.
Wynants, 5, passage d'Allemagne.

Association amicale des anciens élèves de l'École Estienne

FONDÉE EN 1893

La Société a été fondée le 31 juillet 1893 et autorisée par la Préfecture de Police le 27 octobre suivant.

Au début de l'Association, les membres qui en faisaient partie, jeunes et inexpérimentés, prièrent MM. Frayssinet, directeur de l'École, et Mathieu, surveillant général, de s'occuper provisoirement de son fonctionnement, le premier en qualité de président, le second en qualité de secrétaire ; car le Bureau était composé de jeunes gens dont aucun n'était majeur.

M. Frayssinet recruta, pour la Société, quelques membres honoraires. M. Lampué fut aussi très dévoué à la Société, et sur sa demande le Conseil municipal vota, pour cette Association, une subvention de 200 francs. MM. Champenois, Frayssinet, Hénaffe, Leroux, Mathieu, Johannot, Lampué et beaucoup d'autres apportèrent leur concours et leur argent.

Un prix de bonne camaraderie (50 francs) fut institué pour être donné, chaque année, au moyen d'un vote, à celui des élèves de la promotion sortante que ses camarades en jugeraient digne.

En 1896, le premier bal fut donné au Palais-Royal ; il fut des plus brillants.

En 1898, un Bureau d'anciens élèves majeurs fut élu. La même année eut lieu le second bal, également au Palais-Royal, qui eut le même succès que le précédent.

En 1899 eut lieu le troisième bal, à l'hôtel des Sociétés savantes.

La même année, M. Guetté, le dévoué professeur de gymnastique de l'École Estienne, fit don à la Société d'appareils de gymnastique ; depuis lors, tous les dimanches, des cours et exercices ont lieu à l'École pour les anciens élèves membres de la Société.

M. Fontaine, qui remplaça M. Frayssinet comme directeur de l'École, fut pour la Société plein de dévouement. En plus de ses conseils, il lui fit obtenir l'impression gratuite du *Bulletin* mensuel, qui rend compte de la marche de la Société.

MM. les professeurs ont prouvé leur sympathie et leur dévouement à leurs anciens élèves en toute circonstance.

Une bibliothèque est en voie de formation.

Dernièrement, au départ de la classe, un punch a réuni les sociétaires autour des amis qui devaient partir au service militaire.

L'Association envoie, au jour de l'an, 15 francs à chacun de ses membres sous les drapeaux.

Enfin un registre pour le placement des anciens élèves (offres d'emploi) est déposé à l'École.

STATUTS DE LA SOCIÉTÉ

CHAPITRE PREMIER

Formation et But de la Société

ARTICLE PREMIER. — Il est formé, entre les élèves sortants de l'École municipale Estienne qui adhéreront aux présents statuts, une Société qui prend le nom de « Société amicale des anciens élèves de l'École municipale Estienne ». Cette Société a son siège à l'établissement même.

Art. 2. — La Société a pour but :

1° De resserrer les liens de bonne camaraderie qui existent entre les anciens élèves de l'École municipale Estienne;

2° De contribuer, par la solidarité qu'elle crée entre tous ses adhérents, au placement des camarades sans emploi ou à l'amélioration de leur situation;

3° D'accorder, dans certains cas, des secours aux camarades qui se trouveraient momentanément dans une situation précaire;

4° De donner des encouragements aux élèves appartenant encore à l'École.

CHAPITRE II

Composition de la Société — Devoirs de ses membres — Admissions — Exclusions

Art. 3. — La Société se compose :

1° De membres titulaires, qui, pour être admis, doivent faire une demande écrite au Président, être agréés par le Bureau et remplir les conditions suivantes :

Avoir suivi les cours de l'École pendant au moins trois ans et n'en avoir pas été exclu par mesure disciplinaire;

Adhérer aux présents statuts;

Payer exactement leurs cotisations;

2° De membres honoraires qui, dans les Assemblées générales, ont voix consultative, et qui, par leurs souscriptions comme par leurs conseils, contribuent à la prospérité de la Société sans participer à ses avantages. Ils peuvent appartenir à une branche d'industrie autre que celles enseignées à l'École. Le nombre des membres honoraires est illimité. Ils sont admis sans condition d'âge ni de domicile.

Art. 4. — Les sociétaires payent un droit d'entrée de 1 franc et une cotisation mensuelle de 50 centimes, payable d'avance. Le droit d'admission de 1 franc ne dispense pas de la première cotisation mensuelle.

Art. 5. — Le sociétaire retenu par le service militaire est dispensé de verser sa cotisation pendant toute la durée du service.

Art. 6. — Le sociétaire qui n'aura pas payé sa cotisation pendant six mois, et après avoir reçu un avertissement du Trésorier, sera considéré comme démissionnaire; à moins que le Bureau ne lui accorde un sursis qui, pour être valable, devra être demandé au Président par une lettre signée du sociétaire.

Art. 7. — Toute radiation est signifiée au sociétaire par lettre signée du Président ou du Vice-Président et du Secrétaire.

Art. 8. — Peuvent être exclus :

1° Le sociétaire condamné à une peine afflictive ou infamante;

2° Le sociétaire qui, volontairement, aura porté préjudice aux intérêts de la Société.

Art. 9. — L'exclusion ne peut être prononcée que par l'Assemblée générale, qui décidera après avoir entendu le rapport du Bureau. Le sociétaire en cause pourra être également entendu. La proposition d'exclusion faite par le Bureau devra être signifiée à l'intéressé un mois avant la réunion de l'Assemblée générale.

Art. 10. — Tout sociétaire doit :

1° Assister aux Assemblées générales;

2° Indiquer au Secrétaire, qui les enregistrera, les vacances d'emploi dont il pourrait avoir connaissance;

3° Prévenir le Secrétaire de son changement de patron ou de domicile dans la huitaine qui suivra ce changement.

CHAPITRE III

Bureau d'administration

Art. 11. — La direction des affaires de la Société est confiée aux soins du « Bureau d'administration », choisi parmi les anciens élèves de l'École municipale Estienne et composé comme suit :

1o Un Président ;
2o Un Vice-Président ;
3o Un Trésorier ;
4o Un Secrétaire ;
5o Un Secrétaire adjoint.

Art. 12. — Les membres du Bureau sont élus au scrutin secret en Assemblée générale, à la majorité des suffrages exprimés.

La durée de leur mandat est fixée à une année.

Si un des membres du Bureau vient à décéder ou à donner sa démission, le Président fait procéder à son remplacement dans la plus prochaine Assemblée générale.

Nul ne peut être élu membre du Bureau s'il n'est Français et s'il ne jouit de ses droits civils et politiques.

Art. 13. — Le Bureau est chargé de la gestion des fonds. Il ordonnance les dépenses d'urgence. Il statue provisoirement sur toutes questions non prévues par le règlement, à charge par lui d'en référer à la plus prochaine Assemblée générale. Il se réunit, quand les circonstances l'exigent, sur convocation de son Président.

Art. 14. — Tout membre du Bureau qui, sans avoir prévenu, aura trois absences consécutives, sera considéré comme démissionnaire.

Du Président

Art. 15. — Le Président représente la Société.

Il ne peut signer aucun acte sans le contreseing du Secrétaire ou du Trésorier.

Il préside les Assemblées générales et celles du Bureau.

Il veille à l'exécution rigoureuse des statuts.

Il convoque les membres du Bureau et prend l'initiative des Assemblées extraordinaires après avoir consulté le Bureau.

Il reçoit les demandes d'admission et proclame les nouveaux membres.

Il adresse chaque année à l'autorité le compte rendu de la situation morale et financière de la Société.

Il peut déléguer son mandat pour un temps déterminé au Vice-Président.

Le Président est seul juge dans toutes les discussions du Bureau.

Il accorde et retire la parole.

Du Secrétaire

Art. 16. — Le Secrétaire rédige les procès-verbaux des séances, dont il donne lecture à la séance suivante, et qu'il transcrit sur un registre préparé à cet effet. Il soumet préalablement ce rapport au Bureau.

Il expédie les lettres de convocation.

La correspondance qui émane directement du Bureau porte sa signature et celle du Président ou du Vice-Président.

En cas d'empêchement, il est remplacé par le Secrétaire adjoint, auquel il transmet les pièces nécessaires.

Du Trésorier

Art. 17. — Le Trésorier n'est responsable que de la tenue exacte de ses comptes. Sa responsabilité ne peut être engagée que pour le montant des sommes non encore versées en compte courant.

Il fait deux fois par an un exposé de la situation financière de la Société. Ce rapport est paraphé par lui et par le Président ou le Vice-Président.

Il ne peut effectuer aucun versement sans un bon à payer du Président ou du Vice-Président avec le cachet de la Société.

Le Secrétaire adjoint le remplace au besoin.

CHAPITRE IV

Devoirs de la Société envers ses membres

Art. 18. — Le sociétaire sans emploi doit s'adresser au Secrétaire, en indiquant exactement son nom, son adresse, sa spécialité et sa promotion.

Le Secrétaire doit répondre sans retard.

Le sociétaire qui écrit pour informer qu'une place est vacante sera remboursé de ses frais de timbres-poste, dans la plus prochaine réunion, par le Trésorier.

Le sociétaire placé devra en informer immédiatement le Secrétaire.

Art. 19. — Tout sociétaire momentanément dans une situation précaire pourra adresser au Président une demande de secours. Le Bureau décidera s'il convient d'accueillir la demande adressée par le camarade malheureux.

Le Président fera part dans la plus prochaine Assemblée générale du ou des secours effectués, et ne désignera le ou les camarades secourus qu'à la dernière nécessité.

Le Bureau de la Société peut disposer pour chaque demande de secours d'une somme maximum de 100 francs.

CHAPITRE V

Fonds de la Société

Art. 20. — Les fonds de la Société se composent :
1° Du montant des droits d'inscription et des cotisations mensuelles ;
2° Du montant des souscriptions des membres honoraires ;
3° Des dons manuels ;
4° Des amendes.

CHAPITRE VI

Assemblées générales et Réunions

Art. 21. — Les réunions ont lieu chaque mois au siège de la Société, le premier dimanche de chaque mois, à 9 heures du matin.

Des Assemblées générales ont lieu deux fois par an sur convocation.

Le Président livre à la discussion les propositions faites par le Bureau, ainsi que toutes les questions d'intérêt général.

Toute absence, sans excuse valable, à ces réunions entraîne une amende de 25 centimes.

Art. 22. — Toute discussion étrangère au but de la Société est formellement interdite, notamment toute discussion politique ou religieuse.

Art. 23. — Toute proposition tendant à modifier les statuts ou à dissoudre l'Association devra être faite par écrit au Président, qui en donnera lecture, si la proposition porte la signature d'au moins un tiers des membres participants et avis du Bureau.

En cas de modification statutaire, la Société devra solliciter de nouveau l'autorisation prévue par l'article 291 du Code pénal.

CHAPITRE VII

Décès et Secours

ART. 24. — Il est créé une subdivision de la caisse générale sous le nom de « caisse de décès et de secours », alimentée par :

1º Une dotation annuelle de 300 francs au maximum ;

2º Des dons manuels et des ressources créées à titre exceptionnel avec l'assentiment de l'autorité compétente.

ART. 25. — Sont seuls admis à bénéficier de la caisse de décès et de secours :

1º Les sociétaires faisant partie de la Société depuis au moins six mois et à jour dans le payement de leurs cotisations ;

2º Les sociétaires qui, faisant partie de la Société depuis plus de six mois, ne devront pas plus de trois mois au moment où ils seront pour bénéficier de la caisse.

ART. 26. — Aussitôt que le Bureau aura été prévenu du décès d'un sociétaire, il déléguera six des membres de la Société et un membre du Bureau pour assister aux obsèques et déposer une couronne sur la tombe du camarade décédé.

Le modèle de la couronne est le même pour tous les sociétaires décédés.

Pareil hommage sera rendu, en pareil cas, aux membres honoraires.

CHAPITRE VIII

Réjouissances

ART. 27. — La Société peut organiser, chaque année, sauf autorisation de l'Administration compétente, des fêtes, telles que bals, banquets, concerts, etc., pour lesquels des invitations d'honneur peuvent être adressées.

CHAPITRE IX

Primes

ART. 28. — La Société crée un prix « de bonne camaraderie », décerné chaque année par le Président, à la distribution des prix de l'École, à l'élève qui aura obtenu le plus de suffrages dans la promotion sortante.

Le lauréat est nommé au vote secret.

CHAPITRE X

Membres honoraires

ART. 29. — Pour être membre honoraire, il faut verser un droit perpétuel de 100 francs payable en deux fois, ou un droit annuel de 10 francs.

ART. 30. — Des titres de membre honoraire peuvent être donnés à des personnes qui auraient rendu des services à la Société.

Sont admis de droit membres honoraires l'Administration et le personnel enseignant de l'École.

CHAPITRE XI

Insigne

Art. 31. — L'insigne de la Société a la forme d'une rosette verte ornée d'un rameau d'argent pour les membres du Bureau et d'or pour les sociétaires.

Le port de cet insigne est obligatoire dans toutes les réunions de la Société.

CHAPITRE XII

Art. 32. — La présidence d'honneur de la Société amicale est déférée au Directeur de l'École Estienne.

CHAPITRE XIII

Dissolution de la Société

Art. 33. — En cas de dissolution, toutes les valeurs et biens de la Société deviennent la propriété de l'École.

Cette Monographie a été entièrement exécutée par les élèves dans les différents ateliers de l'École :

Fonderie de caractères. — Les élèves Angeard et Tinus, de 3ᵉ année, ont fait la fonte des caractères employés.

Composition typographique. — La mise en pages et les fonctions ont été faites par les élèves Coing et Conduché, de 4ᵉ année. La composition du texte et des tableaux, par les élèves de 2ᵉ et de 3ᵉ année.

Impression typographique. — L'impression du texte et des similigravures a été faite par les élèves Baloche et Bonnamy, de 4ᵉ année. Carouge, Degaast, Saint-Clair et Montaron, de 3ᵉ année.

Clicherie-galvanoplastie. — Les reproductions en galvanotypie des fleurons, culs-de-lampe et vignettes ont été faites par les élèves Violette et Weber, de 4ᵉ année.

Gravure en relief. — La gravure des fleurons, culs-de-lampe et vignettes a été faite par les élèves Simonet, Malin, Obriot, de 4ᵉ année, et Coulon, de 3ᵉ année.

Écriture lithographique. — La couverture en dessin et couleurs a été exécutée par les élèves Grozel et Thierry, de 4ᵉ année.

Gravure sur pierre. — Le plan de l'École a été gravé par l'élève Peltier, de 3ᵉ année.

Impression lithographique. — Le plan de l'École a été imprimé par l'élève Schmitt, de 4ᵉ année. La couverture a été imprimée à la machine par les élèves Chautan, Maréchal et Varé, de 4ᵉ année.

Photogravure. — Les similigravures ont été faites par les élèves Beus, Hoffmann, Jacob, de 4ᵉ année et les élèves Decouvreur, Roisin et Viard, de 3ᵉ année.

Reliure. — La brochure et la reliure ont été exécutées par les élèves Dumonchel et Rivat, de 4ᵉ année ; Denis, Jousse, Lamarche, Lanoé et Viennet, de 3ᵉ année.

Dorure. — La dorure des reliures a été faite par les élèves Leclère, de 4ᵉ année ; Bougiard, Mercier et Santocha, de 3ᵉ année.

TABLE DES MATIÈRES

CHAPITRE IV. — ORGANISATION MATÉRIELLE ET FINANCIÈRE.

ANNEXES DU CHAPITRE IV.

CHAPITRE V. — RÉSULTATS OBTENUS. — CONCLUSION.

ANNEXES DU CHAPITRE V.

Imprimerie de l'École Estienne.

CONDUCHÉ et COING, compositeurs de 4e année : la mise en pages et les fonctions.

Les élèves compositeurs de 3e et de 2e année : le texte et les tableaux.

BALOCHE et BONNAMY, élèves imprimeurs de 4e année : le tirage.

FLVCTVAT
SED TIMET
NEC
SAPERE
MERGITVR
NOLI ALTVM